Karina Sillmann

Pures Leben

I0137629

Karina Sillmann

Pures Leben

Eine Reise zu Lebensfreude, Mut und Möglichkeiten

52 Texte: Für jede Woche des Jahres ein Impuls

Bibliografische Information der Deutschen Nationalbibliothek:
Die Deutsche Nationalbibliothek verzeichnet diese
Publikation in der Deutschen Nationalbibliografie;
detaillierte bibliografische Daten sind im Internet über
http://dnb.dnb.de abrufbar.

TWENTYSIX – Der Self-Publishing-Verlag
Eine Kooperation zwischen der Verlagsgruppe Rand-
om House und BoD – Books on Demand

© 2017 Karina Sillmann
Fotos von Karina Sillmann

Herstellung und Verlag:
BoD – Books on Demand, Norderstedt

ISBN: 9783740732394

Für die, die das Leben lieben

Karina Sillmann

Internet:
https://pureslebensite.wordpress.com/

Kontakt:
https://pureslebensite.wordpress.com/kontakt/

Inhalt

Juni:
Woher die Energie kommt
Diese Liebe zum Leben
Mach's auf deine Art
Manchmal träume ich

Juli:
Nimm dir Zeit
Das Leben genießen
Der Notizblock auf meinem Nachttisch
Wieviel Roboter verträgt der Mensch?
Vom Glück des Alleinseins

August:
Un día más de vida (Ein Tag Leben mehr)
Die Magie des Konkreten
Intuition
Ferien

September:
Und die Kreativität schlägt Purzelbäume
Das Glück und der Schmerz
Mein Flow
Der Zauber von Büchern

Oktober:
Werte und Prinzipien
Es gibt viel mehr
Leistung ist nicht Leben
Der wahre Wert von Dingen
Denk das nicht

November:
Was begeistert dich?

Sei unbeirrbar
Alles klar?
In der Stille wohnt das Glück

Dezember:
Gel(i)ebtes Risiko
Wenn's reicht
Was du von deinem 17jährigen Ich lernen kannst
Dankbarkeit

Vorwort

Dieses Buch möchte dich auf eine erstaunliche Reise mitnehmen. Eine Reise zu den Fragen, die sich stellen und zu den Themen, die uns beschäftigen, während wir das Leben mit all seinen Facetten entdecken. Eine Reise mit verschiedenen Stationen: Was ist im Leben wichtig? Worum geht es wirklich? Wodurch wird dein Leben authentisch?

Jede Woche des Jahres möchte ich dich zu einer dieser Stationen begleiten. Dir einen Impuls geben für deine Träume, deine Achtsamkeit, deine Begeisterung. Dich auf Ideen bringen, verrückte und ganz pragmatische. Dir davon erzählen, was das Leben vereinfachen und verschönern kann. Ganz konkret, im Großen wie im Kleinen.

Ich wünsche dir jede Menge Freude dabei!

Alles Liebe, Karina

Selbstoptimierung im neuen Jahr

Happy New Year! Es ist wieder soweit: Ein neues Jahr liegt vor uns.

Ob Neujahrsvorsätze ja oder nein, eines geht jedes Mal wieder damit einher: Zahlreiche Vorschläge zur Selbstoptimierung. Erhöhte Werbung von Fitnessstudios, Abnehmtipps, damit es endlich mit der Wunschfigur klappt, Datingtipps, um im neuen Jahr endlich Mrs. oder Mr. Right zu finden, Meditieren für die innere Ruhe, Entspannungstechniken für weniger Stress, Zeitmanagement für mehr Produktivität, … habe ich etwas vergessen? Vielleicht das Leben.

Versteht mich nicht falsch: Ich liebe Sport und würde es sofort jedem empfehlen, abnehmen kann toll sein, sich verlieben ist wunderbar, meditieren kann tatsächlich viel zur inneren Ruhe beitragen, ich bin für Entspannung statt Stress und zu wissen, wie man sich vernünftig organisiert, hilft ungemein dabei, zu schaffen, was man sich vorgenommen hat.

So weit so gut.

Aber es gibt da noch diese Sache, die heißt Leben. Und die kann einem die wundervollsten Überraschungen bescheren, wenn man sie fließen lässt statt sie zu ersticken.

Deshalb kam mir die Idee: Vielleicht sollte man mal nichts weiter optimieren. Oder – wenn es einem ein Herzensanliegen ist – nur die eine Sache, an der man dann auch wirklich dranbleibt.

Den restlichen Raum, den könnte man frei lassen. Luft zum Atmen für das Leben. Für die Intuition und die spontanen Eingebungen, für unverhoffte Freude und ungeplante Begegnungen, für unüberlegte Entscheidungen und Kreativität.

Das neue Jahr ist noch ganz frisch. Wie die Schneedecke am frühen Morgen, auf der es noch keine Fußspuren gibt, nur ein paar klitzekleine Abdrücke von dem Vögelchen, das schon darüber gehüpft ist. Noch nichts ist festgelegt. Alles ist noch möglich. Nichts muss schon verplant sein. Eine ganze unberührte Schneedecke für das pralle Leben.

Damit meine ich nicht: Tut nichts. Damit meine ich: Fokussiert euch auf die Dinge, die euch wirklich wichtig sind. Und wenn ihr das gemacht habt, dann genießt es und lasst euch überraschen.

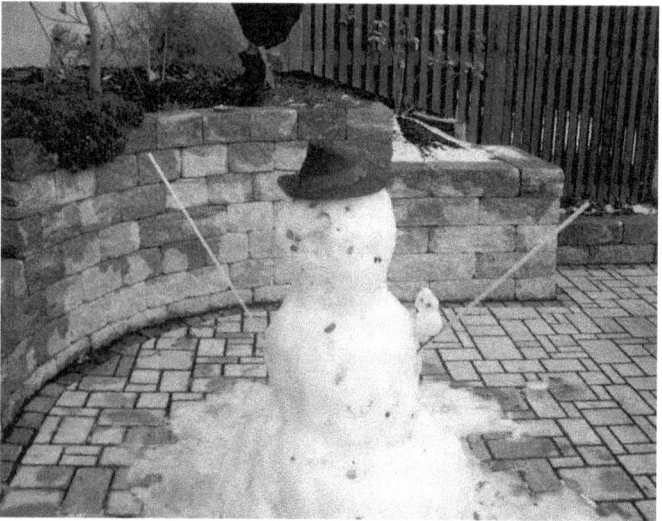

Die Gunst des Aufbruchs

Jeder Mensch hat sie. Die innere Stimme, die weiß, wohin die Reise gehen sollte. Was gut für die eigene Entwicklung wäre.

Wieso gelingt es uns trotzdem oft nicht, diesen Weg auch einzuschlagen? Weshalb tun wir häufig das Gegenteil von dem, was uns entsprechen und zu uns passen würde?

Vielleicht liegt das größte Problem gar nicht in der Umsetzung, sondern schon einen Schritt davor. Denn was passiert, wenn wir unsere eigenen Segel setzen wollen, wenn wir etwas tun wollen, das die Mehrheit vielleicht nicht tut – das zu uns aber wunderbar passen würde? Wir erleben Widerspruch. Wir haben noch gar nicht angefangen, erzählen nur von unserer Idee: Dass wir eine Reise nach Venezuela machen möchten, statt des All-Inclusive-Urlaubs auf Mallorca. Dass wir den Job wechseln wollen, weil wir mit unserer Arbeit und den aktuellen Bedingungen nicht mehr zufrieden sind. Dass wir darüber nachdenken, uns zu trennen, weil wir unsere Beziehung nicht mehr als bereichernd, sondern als einengend wahrnehmen. Dass wir auch mit 50 noch mal etwas Neues versuchen wollen, weil wir neugierig geblieben sind.

Wenn wir von unserer Idee erzählen, dann wäre Unterstützung und Zuspruch das, was wir bräuchten, um uns optimistisch an die Umsetzung zu machen.

Doch was passiert, wenn die Begeisterung für unsere Idee ausbleibt und sich stattdessen Gegenwind breitmacht? Wir werden eher auf die Unannehmlichkeiten hingewiesen, die die Reise nach Venezuela mit sich

15

bringen wird, wieviel Geld uns das kosten wird und dass wir wahrscheinlich auch nicht die drei Wochen am Stück freibekommen, die wir gerne dafür hätten. Der Jobwechsel wird kritisch gesehen, und ist es überhaupt eine gute Idee, die Festanstellung aufzugeben? Wie stehen denn die Chancen, noch mal einen neuen Mann zu finden, wenn man sich trennt? Lohnt es sich denn mit 50, einen Neuanfang zu starten?

Die Erfahrung eines solchen negativen Feedbacks haben die meisten Menschen gemeinsam, die sich an einem bestimmten Punkt ihres Lebens entschieden haben, ihren eigenen Weg zu gehen. Glücklicherweise haben sich nicht alle davon beirren lassen. Viele haben es sich dennoch „erlaubt", ihre Ideen in die Tat umzusetzen. Und das meistens mit erstaunlichem Erfolg.

Was ist der Weg aus diesem Dilemma? Wie gelangt man dahin, an seinen Ideen festzuhalten, auch wenn mit Zuspruch nur begrenzt zu rechnen ist? Indem man nicht dagegenhält, die Überzeugungsarbeit aufgibt: Andere sehen meine Idee kritisch? Das kann ich zur Kenntnis nehmen, aber es muss mich nicht bremsen. Wenn ich mich auf das „Schlachtfeld" des Überzeugen-Wollens begebe, wird mir am Ende die Energie fehlen, meine eigenen Ideen umzusetzen. Ich werde so damit beschäftigt sein, mögliche Bedenken anderer aus dem Weg zu räumen, dass die Umsetzung meiner Ideen schnell auf der Strecke bleibt.

Vielleicht sollten wir stattdessen einfach aufbrechen. Uns auf den Weg fokussieren, den wir vorhaben zu gehen. Die Konformisten auf die Zuschauerbank setzen und sich von Buh-Rufen nicht allzu sehr beeindrucken lassen. Gelassen das Richtige tun.

Was passiert, wenn wir uns so verhalten? Wenn es Menschen gibt, die aufbrechen und die anderen hinter sich lassen, dann kann vielleicht auch bei den anderen irgendwann ein Zweifel entstehen, ob die innere Stimme tatsächlich so vehement ignoriert werden sollte. Diesen Zweifel kann kein Gegen-Argument auslösen, wohl aber das gelebte Beispiel, dass das „Ich-Selbst-Sein" am Ende funktioniert und zufrieden macht.

Die Krux mit dem Erfolg

Erfolg. Alle wollen ihn haben. Er ist das Zauberwort. Die Verheißung eines glücklichen Lebens. Der Indikator für den Selbstwert. Das, worum es sich dreht.
Und wann hat man Erfolg?
Die Werbung sagt, wenn man sich den neuesten Mercedes kauft. Oder eine der eleganten Uhren aus der limitierten Sonderedition, die gerade beim Online-Juwelier deines Vertrauens angeboten werden.
Deine Kollegen sagen, wenn man die Beförderung bekommt. Am besten die Chef-Position.
Deine Freundinnen sagen, wenn du dir den Traumprinzen geangelt hast. Oder deine Kumpels sagen, wenn du es geschafft hast, dich mit der gutaussehenden jungen Frau zu verabreden.
Oder wenn man viel Geld verdient? Ein Haus besitzt? Die Kinder gut geraten sind? Das Haus stilvoll eingerichtet ist?
Sind wir dann glücklich? Ist Erfolg etwas, das sich im Außen festmacht?
Geld oder Ruhm, eine vorzeigbare Frau oder ein gutaussehender Mann als bessere Hälfte, diese Faktoren ziehen wir häufig zuerst als Kriterien für Erfolg heran. Aber was ist mit unserer Person an sich? Mit unseren ureigenen Ideen von Erfolg? Da gibt es vielleicht eine große Begeisterung für das Klavierspielen und wir empfänden es als Erfolg, einen bestimmten Song spielen zu können. Es endlich durchzusetzen, sich mehr Zeit für sich selbst zu nehmen, könnte ein Erfolgserlebnis sein. Eventuell würden wir uns erfolgreich füh-

len, wenn es uns häufiger gelänge, zu sagen, was wir wirklich denken.

Der Mercedes, die Beförderung, der Traumprinz, das viele Geld sind schon oft geschriebene Erfolgsstorys. Es sind ausgetretene Pfade. Wir können ihnen folgen und uns an all denen orientieren, die diesen Weg bereits beschritten haben. Nichts ist falsch daran, wenn es das ist, was wir wollen.

Doch es wäre ein Fehler, diejenigen als erfolglos zu betrachten, die sich für andere Varianten entscheiden. Denn Erfolg lässt sich nicht für die ganze Menschheit einheitlich definieren. Jeder Mensch muss seine Kriterien für Erfolg selbst finden. Die Vorstellung von Erfolg sollte mit dem eigenen Wesen und den eigenen Ideen, was man im Leben für erstrebenswert hält, verknüpft sein.

Könnte es nicht sein, dass der größte Erfolg der ist, sein Leben so zu leben, wie es einem entspricht? Und zwar ganz gleich, ob nun die Beförderung und das viele Geld am besten zu einem passen oder der weniger lukrative Job, der aber sehr viel Spaß macht und mit dem man sich zufrieden fühlt?

So oder so, Erfolg ist, seinen eigenen Weg zu beschreiten. Und vielleicht ist es ja sogar der beeindruckendste Erfolg, wenn es sich dabei um einen Weg handelt, auf dem zuvor noch niemand gewandelt ist. Und den man sich zu gehen traut, auch wenn man nicht weiß, wohin er führt, weil es sich um bisher unerforschtes Gebiet handelt.

Guter Rat erfordert Mut

Manchmal wäre ein guter Rat wirklich super. Ich wünsche mir einen Tipp, eine Idee, einen Hinweis von jemandem, wie ich etwas anstellen könnte. Was eine gute Lösung wäre. Wie ich vorgehen könnte.

Ab und zu funktioniert es. Dann erzähle ich die Frage, um die es sich gerade dreht, tatsächlich der richtigen Person, die etwas Passendes – etwas für mich Passendes – dazu sagt. Unser Gespräch bringt mich weiter, ich kriege einen Vorschlag, mit dem ich etwas anfangen kann.

Und doch: Diese Tipps von außen haben nicht denselben Effekt. Sie haben nicht denselben Effekt wie… Wie soll man dazu sagen? Wie die Eingebung, die ich habe, der Geistesblitz, die Erkenntnis, die aus meinem Inneren kommt, das Bauchgefühl, das mir den richtigen Weg zeigt. Dieser Effekt geht um einiges tiefer. Er hat mehr Substanz.

Dazu kommt noch, dass sie selten sind, die guten Ratschläge von anderen. Ziemlich oft hauen sie auch total daneben. Haben nichts mit meiner Person zu tun, sondern einzig und allein mit meinem Gegenüber, von dem sie kommen.

Ein Stück weit liegt das auch in der Natur der Sache. Es ist ein schwieriges Unterfangen, in einem Gespräch von mir selbst abzusehen und nur den anderen in den Fokus zu rücken. Herauszuhören zu wollen, was für denjenigen richtig ist, ganz unabhängig davon, was für mich selbst in so einer Situation richtig wäre. Dafür muss man sich bewusst entscheiden und benötigt ein hohes Maß an Achtsamkeit. Der Autopilot in uns geht da ganz andere Wege. Die eigenen Erfahrungen übernehmen sofort die Oberhand, die eigene Einstellung entscheidet, wie wir das Anliegen sehen und einordnen, der Tipp den wir geben, ist schlichtweg ein Spiegelbild dessen, was wir selbst tun würden. Der andere ist aber nicht ich. Unsere Erfahrungen sind für ihn wertlos, wenn sie nicht passend sind zu seiner eigenen Person. Daher ist es ein reines Glücksspiel, ob wir jemandem mit dieser Art Tipps weiterhelfen oder eben nicht.

Natürlich können andere uns inspirieren, sie können uns bestärken, oder auch neue Aspekte aufzeigen, die wir vielleicht selbst nicht gesehen hätten.

Allerdings wissen sie nicht, was das Richtige für uns ist. Was tatsächlich das ist, das wir tun – oder auch lassen – sollten. Niemand kann das wissen. Einzig und allein ich selbst. Denn ich bin ein einmaliger, unverwechselbarer und einzigartiger Mensch. Niemand sonst ist wie ich. In Teilen sind wir uns ähnlich, manchmal haben wir die gleiche Einstellung, aber die Gesamtkomposition dessen, was ich bin, die existiert nur einmal.

Und das ist auch der Grund, warum die wirklich tiefgehenden Einsichten, die fundamentalen Erkenntnisse, das, was mich wirklich weiter bringt, nie von außen an mich herangetragen wird. Das Außen kann bestenfalls eine kleine Hilfestellung dabei sein, das zu tun, was mein Innerstes mir offenbart hat. Nirgendwo werde ich besser, stimmiger und authentischer beraten als von meiner eigenen inneren Stimme. Was von dort kommt, ist passgenau; für mich.

Dieses Vorgehen erfordert Mut. Auch hier setzt gerne der Autopilot ein; ehe wir es uns versehen, haben wir die Meinung von allen eingeholt – außer von uns selbst. Wie wir eigentlich über etwas denken wissen wir vielleicht gar nicht. Wir kennen die Ansichten unserer Freunde, unserer Mutter, unserer Kinder, vom Lehrer, vom Chef, der Nachbarin, des Fußballkollegen, der Oma, unserer Friseurin; nur uns selbst hat noch keiner gefragt.

Vielleicht ist es aber genau das, was wir tun sollten: Uns selbst fragen. Sich die Freiheit erlauben, auf sich selbst zu hören. In der Stille. In aller Ruhe. Ohne dass einer dazwischenredet. Ungefiltert und unzensiert.

Darin liegt die Chance, am Ende den Rat zu bekommen, den wir gerade tatsächlich brauchen.

Sich selbst ernst nehmen

Nicht alles passt für jeden Menschen. Es gibt Sachen, die sind nicht das Richtige für mich. Sie entsprechen mir nicht und sie passen nicht zu mir.

Wenn ich feststelle, dass es Dinge in meinem Leben gibt, die nicht richtig für mich sind, stellt sich die Frage, warum ich sie tue.

Warum behalte ich die Freunde, mit denen mich nichts (mehr) verbindet und mit denen ich über nichts Wesentliches reden kann? Wenn Beziehung für mich etwas Einzigartiges ist, wieso bleibe ich dann bei jemandem, mit dem zusammen zu sein nichts Besonderes ist? Das Gleiche gilt genauso umgekehrt: Wenn ich Beziehung locker sehe und mir andere Sachen im Leben wichtiger sind, warum sollte ich mir dafür dann jemanden aussuchen, für den Beziehung einen sehr hohen Stellenwert hat? Wenn es mein Herz in die Ferne zieht, wieso dann der Urlaub im Schwarzwald? Wenn ich das Meer sehen will, wozu dann der Trip in die Berge?

Die meisten Menschen ahnen schon, was sie sich wirklich wünschen. Sich danach ausrichten, das tun sie oft nicht. Zu groß ist die Angst, es nicht zu kriegen. Lieber die jetzige Beziehung behalten, als gar keine zu haben. Besser im bestehenden Freundeskreis bleiben, als keinen mehr treffen zu können. Doch ohne ein Restrisiko geht es nicht. Es wird nicht funktionieren, in der falschen Beziehung bleiben zu wollen, bis jemand Passendes kommt. In Wirklichkeit wird die falsche Beziehung immer verhindern, jemand anderen kennenlernen zu können. Man muss erst frei und unbeschwert davon sein und an neuen Ufern stehen, um auf den besonderen Menschen treffen zu können. Man muss riskieren, dass die richtigen Freunde nicht eine Woche später an der Tür klingeln, nachdem man sich entschlossen hat, seine Zeit weniger mit Menschen zu verbringen, mit denen man nichts mehr zu besprechen hat.

Vielleicht zweifelt man auch an der Existenz dessen, was man als richtig empfände. Frauen versteht schließlich niemand. Und Männer sind alle gleich. Auch hier wird diese Idee zur Verhinderungstaktik. Es entsteht ein Eindruck, der dem momentanen eingeschränkten Horizont entspringt. Es gibt viel mehr auf dieser Welt als das, was wir gerade sehen. Wir müssen erst weitergehen, um zu entdecken, was da noch ist.

Denn was wir da eigentlich tun, ist, uns selbst nicht ernst zu nehmen. Das ist tragisch, denn wie sollte uns je jemand ernst nehmen, wenn wir es schon selbst nicht machen? Und wie wollen wir eigentlich eine sinnvolle Beziehung zu uns selbst finden, wenn wir uns gar nicht für voll nehmen?

Es wäre besser, sich selbst ernst zu nehmen. Denn die Bilder davon, was richtig für uns ist, entspringen einem Wissen, von dem unser begrenzter Kopf keine Ahnung hat.

Von besonderen Tagen

Denkt ihr eigentlich noch an das Weihnachtsfest vor sechs Wochen zurück? Oder an euren letzten Geburtstag? Wie war eure Silvesterparty? Diese Tage sollen besonders sein. Manchmal klappt das und das ist toll. Doch oft geht es auch relativ daneben. Da artet der heiß ersehnte Familienfrieden zu Weihnachten in große Anspannung aus. Zum Geburtstag tun die Freunde alles, damit der Tag wunderbar wird und dann plagen Kopfschmerzen ausgerechnet heute das Geburtstagskind. Und die vier Wochen vorbereitete Silvestersause war vielleicht trotz aller Bemühungen doch nicht so berauschend.

Ich glaube, unsere Tage werden nicht durch spezielle Anlässe besonders. Auch nicht dadurch, dass wir das Besondere minutiös planen.

Ich glaube, dass an stinknormalen Tagen oft das Großartige passiert. Da rechne ich an einem ganz normalen Donnerstag mit nichts Besonderem; als ich mich an meinen Computer setze, stelle ich fest, dass es zwei begeisterte Kommentare zu einem Text gibt, den ich tags zuvor auf meinem Blog online gestellt habe. Das freut mich total und ein großes kleines Glücksgefühl bleibt die nächsten Stunden bei mir.

Oder ich gehe mit einer Freundin spontan eine Runde durch die Stadt bummeln. Eigentlich machen wir das, weil wir vom ewigen Wintergrau gefrustet sind und uns ablenken wollen. Doch während wir Klamotten in Rot anprobieren und uns bei einem Kaffee angeregt unterhalten, verwandelt sich dieser Tag plötzlich in

27

etwas Wunderbares. Ich denke noch fünf Tage später mit einem Lächeln im Gesicht daran zurück.

Im Grunde macht mich jeder Tag glücklich, der damit endet, dass ich vor dem Einschlafen in einem Buch lese, das mich inspiriert. Und jeder Tag, an dem ich etwas Leckeres gegessen habe. Und auch jeder, an dem ich mir selbst treu geblieben bin.

An den ganz normalen Tagen kommt bei mir oft mehr Hochgefühl auf als an Weihnachten oder meinem Geburtstag. Diese alltägliche Schönheit des Lebens. Die vielen Kleinigkeiten, die in ihrer Summe das Leben spektakulär machen.

Ich glaube, wenn wir von der Idee weggehen, die besonderen Tage wären durch festgesetzte Zeitpunkte definiert, stellen wir plötzlich fest, dass wir viel, viel mehr bedeutende Tage im Jahr erleben können als nur Silvester oder unseren Geburtstag.

Das klappt doch nie!

Ich sag's ganz ehrlich: Ich kann es nicht mehr hören. Mein Magen zieht sich zusammen und mir gefriert das Blut in den Adern. „Das ist unrealistisch." – „Wie stellst du dir das vor?" – „Und was machst du, wenn es nicht funktioniert?" – „Das finde ich zu riskant." Hätte ich jedes Mal einen Euro gekriegt, wenn ich einen Kommentar dieser Sorte zu hören bekam, ich wäre heute reich.

Wozu ist eigentlich diese ganze Individualisierung gut, die angeblich für mehr Selbstbestimmung gesorgt haben will, wenn ich mich dann doch für jede Kleinigkeit rechtfertigen darf?

Viel zu oft habe ich den Eindruck, in erster Linie herrscht bei uns eine „Entmutigungs-Mentalität". Bloß nichts riskieren. Lieber im Gleichschritt Marsch. Besser keine eigenen Ideen entwickeln. Und erste Anflüge von echter Unabhängigkeit bei anderen möglichst schnell unterbinden.

Vor einigen Jahren, während meines Studiums, planten mein Freund und ich eine fünfwöchige Rucksacktour durch Peru. Die erste Reaktion, als ich anderen davon erzählte, war relativ häufig: „Wo liegt Peru?". War dieses Hindernis aus dem Weg geräumt, rief meine Ankündigung wahlweise eine der folgenden Einwände auf den Plan: „Wollt ihr nicht lieber einen Urlaub mit europäischem Standard machen?" – „Meinst du, die Beziehung hält das aus, wenn ihr fünf Wochen in so einem Land aufeinander hockt?" – „Was, in den Amazonas wollt ihr auch? Hast du noch nie vom Denguefieber gehört?" – „Und wie bezahlst du das?" – „Meinst du, du hast dann noch genug Zeit, um deine Hausarbeit in den Semesterferien fertig zu kriegen?".

Schon damals haben diese Rückmeldungen mich irritiert. Ich war neugierig, ich war abenteuerlustig, ich wollte über den Tellerrand hinaussehen. Diese Reise passte zu mir. Ich freute mich darauf. Aufgeregt war ich natürlich auch, allerdings in einem äußerst positiven Sinne. Etwas Bestärkung hätte gut getan. Oder zumindest wohlwollendes Interesse.

Die Reise nach Peru war toll. Sie war eine Erfahrung, die ich auf keinen Fall missen möchte. Eine andere Welt, die den Horizont weitet und vieles in die richtige Perspektive gerückt hat. Ich konnte erahnen, wie winzig Europa ist und wie groß der Rest der Welt, der ganz andere Lebensmodelle kennt. Es war kein Problem, einmal auf europäischen Standard zu verzichten. Die Beziehung zu meinem Freund ist in Peru nicht in die Brüche gegangen. Aus dem Amazonas bin ich ohne Erkrankungen wieder herausgekommen. Die zwei Hiwi-Jobs zusätzlich an der Uni und der vorübergehende Verzicht auf neue Klamotten brachten das Geld für die Reise; beides fiel mir leicht, um Peru erleben zu dürfen. Und ja, auch die Semesterarbeit ist fertig geworden.

Vor einiger Zeit habe ich ein Tanzprojekt mit Kindern ins Leben gerufen. Für mich eine Herzensangelegenheit. Mit Begeisterung und Spaß bin ich das Ganze angegangen. Und das Feedback dazu? „Kinder sind heute so durchgeplant, die haben für sowas keine Zeit." – „Verdienst du damit auch Geld?" – „Du wirst sehen, das wird richtig anstrengend, so wie die Kinder heute drauf sind."

Mich frustrieren diese Rückmeldungen. Ich tanze schon lange, gebe Erwachsenen-Kurse und wollte mein Repertoire um einen Kinder-Kurs erweitern. Zu diesem einen Kinderkurs, mit dem ich startete, kam bereits fünf Monate später noch ein zweiter, aufgrund der immensen Nachfrage. Es macht riesigen Spaß.

Diese beiden Beispiele sind noch relativ banal. Und doch sind sie symptomatisch. Wenn wir inzwischen wirklich in einer so individuellen Gesellschaft leben wie wir uns gerne auf die Fahnen schreiben, weshalb sind dann Reiseziele oder Projektvorhaben Gegenstand zur Diskussion? Wenn ich jemanden nicht in seinen Plänen bestärken möchte, kann ich dann wenigstens davon absehen, ihn zu entmutigen? Ich muss nicht toll finden, was andere tun, ich muss es aber auch nicht mies machen. Ich brauche an die Erfolgschancen bestimmter Unterfangen nicht zu glauben, und vielleicht wäre es mir dennoch möglich, diese Einschätzung auch einmal für mich zu behalten.

Vor allem frage ich mich manchmal, was wohl passieren würde, wenn wir unseren Pessimismus beiseiteließen und den Blickwinkel hin zu den Chancen verändern würden. „Was ist möglich?" statt „Das geht nicht". „Passt das zu ihr?" statt „So kann sie das nicht machen". „Was wäre, wenn es funktioniert?" statt „Das klappt doch nie!".

Während ich mir das vorstelle, entkrampft sich mein Magen wieder und das Blut zirkuliert in Normaltemperatur durch meinen Körper.

Wenn die Konzentrationsfähigkeit aus dem Kinderparadies abgeholt werden möchte

Manchmal kommt mir das wirklich so vor. Ich höre geradezu die Durchsage in meinem Kopf. „Verehrte Kunden, die Konzentrationsfähigkeit möchte gerne aus dem Kinderparadies abgeholt werden."

Es ist Wochenende. Seit heute Vormittag wollte ich gerne schreiben. Nach dem Frühstück ging ich an meinen PC. Erste Ideen bereits im Kopf. Ein anderer Gedanke drängt sich in den Vordergrund, während der Computer hochfährt. „Willst du nicht erst noch deine E-Mails checken?" – „Ja, das machen wir noch schnell." – „Oh, eine Mail von Susanne. Da sollte ich noch schnell antworten. Das machen wir gerade mal." – „Und eine neue Markierung auf Facebook. Schnell noch ein Like."

An diesem Punkt brach die Konzentrationsfähigkeit wohl spätestens ins Kinderparadies auf.

„So, aber ich wollte ja noch was schreiben, da könnte ich doch jetzt mal…" – „Moment, noch eine Facebook-Nachricht. Noch schnell beantworten." – „Und ich wollte noch was posten. Naja, lieber später." – „Aber den einen Song, den wollte ich mir noch anhören."

– Hatte ich erwähnt, dass ich heute Vormittag gerne etwas schreiben wollte? Tatsächlich entsteht dieser Text gerade abends um neun. Nachdem ich die Konzentrationsfähigkeit endlich wieder aus dem Kinderparadies abgeholt habe.

Es wird immer schwieriger, sich wirklich auf etwas zu konzentrieren. Sich tatsächlich nicht ablenken zu lassen. Ich beobachte es bei mir selbst und ich sehe es bei anderen. Eigentlich wollte man sich mal in Ruhe unterhalten, aber das Handy bimmelt schon wieder. Ich wollte noch zum Sport gehen, aber vorher sollte ich die Küche aufräumen. Endlich mal in Ruhe dieses tolle Buch lesen... oder vorher noch schnell zwei Anrufe erledigen?

Das passiert immer wieder. Ist das schlimm? Nicht unbedingt, aber vielleicht dann, wenn ich dauerhaft nicht mehr zu dem komme, was ich „eigentlich" tun wollte. Wenn ich den Fokus gänzlich verliere. Irgendetwas gibt es ja immer, das man erst noch „schnell" erledigen kann.

Aber wäre es nicht viel schöner, die wirklich wichtigen Dinge zu tun als die hundert nebensächlichen Kleinigkeiten? Sich nicht zu verzetteln, sondern am Ende des Tages das gemacht zu haben, von dem man morgens beim Aufstehen noch relativ klar vor sich sah, dass man das heute gerne tun würde?

Schritt eins ist wohl, dass es einem überhaupt auffällt, dass man sich mal wieder verzettelt hat. Schritt zwei: Neuer Tag, neuer Versuch. Und Schritt drei: Endlich den wichtigen Dingen Beachtung schenken und das weniger Wichtige in den Hintergrund treten lassen. Mal Finger weg vom Handy und lieber zuhören, was mein bester Freund mir erzählen wollte. Das dreckige Geschirr einfach stehenlassen und das Haus verlassen in Richtung dessen, worauf ich gerade richtig Lust habe. Nicht zu telefonieren, wenn ich dringend mein Buch zu Ende lesen will. Und auch keine E-Mails zu checken, wenn ich gerade einen Text schreiben will.

Warum Abstriche nichts nützen

Wann ist das zum ersten Mal passiert? Genau weiß ich es nicht mehr. Es liegt schon lange zurück, dass ich zum ersten Mal gehört habe, dass ich meine Erwartungen runterschrauben soll. Wiederholt hat es sich häufig.

Mit 17 bezog es sich auf Jungs. Ich wollte mir selbst aussuchen, mit wem ich zusammen sein möchte und nicht nur danach gehen, wer mich gerne als Freundin gehabt hätte. Das führte zu hochgezogenen Augenbrauen bei Freundinnen. Und dem nicht gerade dezenten Hinweis, dass ich zu hohe Ansprüche hätte.

Mit Anfang 20 waren es meine Ideen vom Reisen. Warum muss es unbedingt so weit weg sein? Du hast doch gar nicht alles von Europa gesehen, wieso träumst du von fremden Kontinenten?

Mit Mitte 20 war es die „extravagante" Themenauswahl bei der Abschlussarbeit. „Worüber schreibst du da?"

Die Liste ließe sich fortsetzen.

Aber was bringt es denn, Abstriche von dem zu machen, was man möchte? Führt eine solche Art Kompromisse denn irgendwohin? Und wem zuliebe sollte man sie eingehen? Ich rede hier nicht von überzogenen Fantasien, was mir alles zustünde, sondern von den Dingen, die mir am Herzen liegen. Sie liegen mir deshalb am Herzen, weil sie mir wichtig sind und mir entsprechen.

Deshalb halte ich, seit ich 17 war, an meinen „hohen Ansprüchen" Männern gegenüber fest. Oder wie ich es sagen würde: An der Erkenntnis, welche Eigenschaften jemand braucht, damit ich ihn gerne in meinem Leben habe.

Und deshalb war ich auch mit 22 in Peru – und nicht auf Malle –, weil ich schon mit 14 von fernen Ländern träumte.

Darum war ich für meine Abschlussarbeit in Straßburg und habe ein Interview am Europäischen Gerichtshof für Menschenrechte gemacht.

Warum hätte ich nicht das tun sollen, was ich kann und was zu mir passt?

Tiefer zu stapeln als die reellen Fähigkeiten und Möglichkeiten, die man hat, Abstriche von dem zu machen, was man sich von Herzen wünscht, funktioniert genauso wenig wie als Hochstapler durch die Welt zu flanieren.

Zu versuchen, das zu leben, was mir nicht entspricht, geht früher oder später schief. Es nützt weder mir noch der Welt. Es macht erst mich selbst unglücklich und dann die, die mich ertragen müssen. Und obendrein nimmt es der Welt die Chance, mich in meinen besten Eigenschaften zu erleben.

Meine Energie gehört mir

Mal wieder einer dieser Tage. Dieser Tage, die ich verrückt finde. An denen jeder an dir zerrt.

Früher nannte man es Distanzlosigkeit. Und es war nicht nett gemeint. Heute ist es ein allgemein anerkanntes gesellschaftliches Phänomen. Sozial erwünscht.

Der Chef, der – von Sachlichkeit weit entfernt – jeden in seine schlechte Laune involviert. Die Kollegin, die alle Mitarbeiter zwingt, sich ihre Eheprobleme anzuhören. Die Freundin, die schon zwei Stunden von sich selbst spricht und einfach kein Ende findet, obwohl man das eigene Bedürfnis nach einem Themenwechsel schon vier Mal signalisiert hat. Die Verkäuferin, die lieber lautstark mit dem Kollegen schwatzt, als sich um ihre Arbeit zu kümmern und alle Kunden zum Warten und Anhören ihres Pläuschchens verdammt. Der Typ hinter mir im Supermarkt, der mich gleich anrempelt, wenn er noch weniger Abstand in der Schlange hält.

Ich schaffe es nicht, das normal zu finden. Ich habe die absolute Klarheit, dass meine Energie mir gehört. Dass es nicht in Ordnung ist, sie mir zu rauben aufgrund irgendwelcher Befindlichkeiten.

Für die Laune des Chefs bin ich nicht zuständig. Sachliche Infos sind das, was auf die Arbeit gehört, und kein Lamento über die private Verfassung, das niemandem mehr die Wahl lässt zu entscheiden, ob er sich damit beschäftigen möchte oder nicht.

Meine Kollegin ist nicht meine beste Freundin – außer wenn ich entscheide, dass sie das sein kann – und deshalb ist es auch nicht meine Aufgabe, mich in ihre Eheprobleme einzubringen.

Und selbst diejenige, die meine Freundin ist, von der würde ich erwarten, dass sie Rücksicht auf mich nimmt. Dass Freundschaft etwas Gegenseitiges ist, wobei die Bedürfnisse von zwei Menschen zählen; wo ich mein Gegenüber wahrnehme und nicht nur das, was ich gerade will.

Von der Verkäuferin erwarte ich nicht, dass sie hektisch schuftet, wäre aber auch dankbar, wenn ich als Kundin darauf verzichten könnte, mir anzuhören, dass sich Sonja am Samstag schon wieder krank gemeldet hat und total unzuverlässig ist, während ich gern bezahlen würde.

Und der Typ aus der Supermarktschlange wird wohl auch nicht schneller drankommen, nur weil er seinen Abstand zu mir auf drei Zentimeter reduziert.

Es ist diese Egozentrik. Am meisten stört mich noch nicht einmal das Verhalten an sich, sondern die Selbstverständlichkeit dieses Verhaltens. Wenn es jemandem nicht nur nicht peinlich ist, was er da tut, er oder sie findet es sogar in Ordnung. Die anderen haben eben Pech gehabt.

Und spätestens in diesem Moment, wenn mir dieses Ausmaß bewusst wird, halte ich inne und atme tief durch. Gerade angesichts eines selbstsüchtigen Gegenübers ist es umso wichtiger, sich seinerseits voll auf sich zu konzentrieren, zu sich selbst zurückzukommen und bei sich zu bleiben. Keine Re-Aktion ist angesagt, sondern ein ganz klarer Time Out. Nicht die Frage danach, wieso der andere sich so übel verhält, ist jetzt wichtig, sondern was ich brauche, um dieses miese Benehmen möglichst unbeschadet zu überstehen oder – im besten Fall – zu unterbinden.

An diesem Punkt fällt es mir auch wieder ein: Meine Energie gehört mir. Niemand sonst hat Anspruch darauf, solange ich nicht damit einverstanden bin, meine Energie für jemanden aufzuwenden. Es ist mein gutes Recht, meine Energiereserven zu schützen und auf keines dieser Szenarien einzusteigen. Wenn ich mich in die schlechte Laune des Chefs hineinziehen lasse, wenn ich der Kollegin erlaube, mich in ihre Probleme zu involvieren, wenn ich der Freundin zugestehe, ausschließlich von sich zu reden, wenn ich Verkäuferinnen oder wildfremden Menschen im Supermarkt gestatte, mich mies zu behandeln, dann wird mir am Ende kaum mehr Energie bleiben. Dann ist nichts mehr übrig für das, was mir wichtig ist, was ich gerne tun möchte, was ich in meinem Leben als entscheidend empfinde.

Meine Energie gehört mir. Gebe ich sie leichtfertig weg oder lasse sie mir stehlen, ist sie fort. Dann fehlt sie dort, wo ich sie wirklich brauche und wo sie hingehört.

Willst du es nicht miterleben?

Es gibt da diese „Wunder-Frage". Wenn wir ein Problem lösen wollen oder uns eine Veränderung wünschen, dann kann es helfen sich zu fragen: Wenn über Nacht ein Wunder geschehen würde und ich wache morgen früh auf und das Problem ist weg / die Veränderung ist da, wie würde dann mein Leben aussehen?

Auf diese Weise entsteht ein konkretes Bild davon, was wir uns wünschen und wie wir es uns vorstellen. Das kann dabei helfen, eine genauere Vorstellung zu kriegen und die Sache dann auch besser angehen zu können.

Eines darf man dabei allerdings nicht unterschätzen: Den Weg vom Ist-Zustand bis zu dem, was wir wollen, müssen wir trotzdem selbst zurücklegen. Das nimmt uns keiner ab und das Wunder bleibt oft hypothetisch. Meistens passiert es nicht „einfach so", sondern wir müssen uns selbst auf den Weg machen zu dem Bild, das sich in uns auftut.

Dem einen oder anderen vergeht da schnell die Lust. So ist es wohl auch zu erklären, dass die meisten Menschen in ihrem Inneren durchaus Ideen hätten, wie sie sich ihr Leben vorstellen, aber nur sehr wenige dann auch wirklich so leben. Vielleicht fangen sie sogar an und probieren mal das ein oder andere, um ihren Vorstellungen näher zu kommen. Aber wenn es nicht gleich so läuft, werden die Versuche auch schnell wieder eingestellt.

Wenn es halt das Wunder wirklich gäbe, wenn man wüsste, dass es funktioniert, wenn man „Schnipp" machen könnte, und da wäre sie, die Problemlösung, die Veränderung, der Dreh, nach dem man sucht.

Eines vergessen diejenigen, die enttäuscht darüber sind, dass es so nicht läuft: Könnte ich einfach „Schnipp" machen, würde ich viel verpassen. Wäre ich einfach so am Ziel meiner Wünsche, würde mir der Weg dorthin entgehen. Und da stellt sich doch die Frage: Willst du es nicht miterleben?

Die Reise ist äußerst spannend. Was auch immer das Ziel ist – einer erfüllenden Arbeit nachgehen, bestimmte Ängste überwinden, endlich in dieses ferne Land reisen, Neues ausprobieren, mutiger werden –, die Schritte dorthin sind nicht nur schwierig und herausfordernd, sie sind auch faszinierend und bereichernd, sie können Spaß machen. Da gibt es Erfolgserlebnisse, wenn man vielleicht nicht gleich allein in die Savanne reist, aber dafür als ersten Schritt eine Abenteuertour durch die Alpen macht. Da lernt man dazu, wenn man feststellt, dass man seine Ängste vielleicht besser überwindet, wenn man ihnen mit Humor begegnet und sie weniger zu verdrängen versucht. Da stellt man fest, wie vielen Menschen es genauso geht, weil sie sich sehnlichst einen erfüllenden Job wünschen, wenn man einmal anfängt, sich mit diesem Thema zu beschäftigen. Da gibt es Rückschläge, aus denen sich eventuell aber auch neue Möglichkeiten ergeben.

Da erlebt man das pure Leben, während man unterwegs ist und dem, was man möchte, Schritt für Schritt näher kommt.

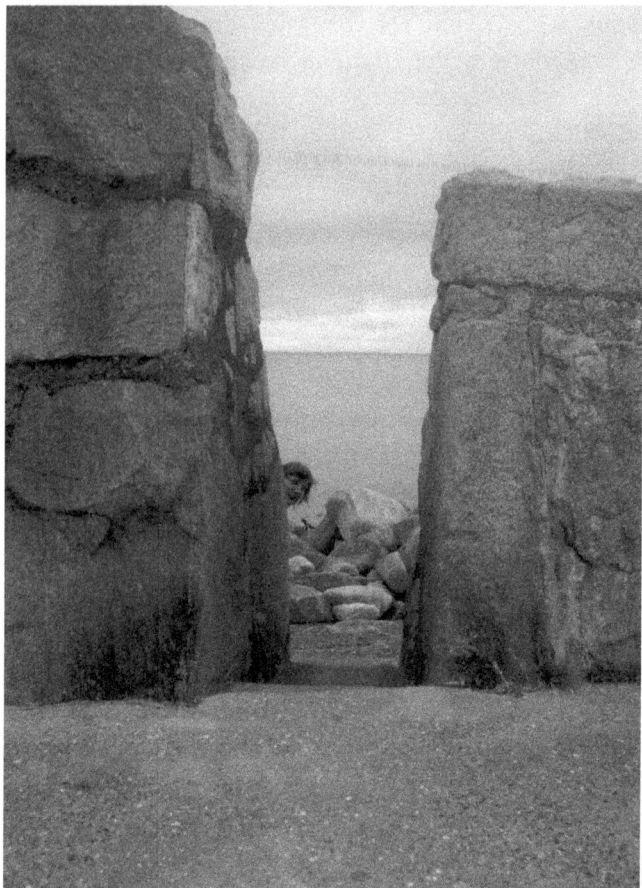

Du bist, was du propagierst

Unser Hirn glaubt uns. Vielleicht mehr als uns lieb ist. Man muss ihm Dinge nur oft genug erzählen, dann nimmt es sie bereitwillig als die Wahrheit hin.

„Ich bin so im Stress", vermeldet die Verkäuferin ihrer Kollegin, die gerade neben ihr an der Kasse steht. „Ich weiß gar nicht mehr, wo mir die Kopf steht." Während sie das sagt, zieht sie in aller Seelenruhe meine Einkäufe über den Scanner. Bedächtig nimmt sie eine Tüte. Die Kollegin nickt verständnisvoll. „Ich weiß, es ist gerade der Wahnsinn", sagt sie, während sie dabei zusieht, wie meine Artikel allmählich einer nach dem anderen in die Tüte gepackt werden. Die Verkäuferin nennt mir die Summe, die sie bekommt, und nimmt mein Geld entgegen. Nach mir ist niemand mehr abzukassieren. Ich gehe Richtung Ausgang. Als ich mich noch einmal umdrehe, sehe ich, wie beide Damen allein an der Kasse stehen und sich aufgeregt unterhalten. Im Laden ist es ruhig, nur wenige Kunden sind dort.

„Ach, bin ich ausgepowert", sagt eine Bekannte zu mir. Es ist Montagabend, sie sitzt bei mir auf der Couch und rührt in einer Tasse Kaffee, die ich ihr gerade gebracht habe. „Am Samstag war meine Schwester zu Besuch. Da hab ich dann noch extra einen Kuchen gebacken. Tom hat mir zwar das Aufräumen abgenommen, aber ich sage dir, was das wieder für ein Aufwand war…" Sie lehnt sich in die Kissen zurück und trinkt genüsslich ihren Kaffee.

„Die weiß mich einfach nicht zu schätzen", erzählt mein Sitznachbar im Café gerade relativ lautstark seinem Kumpel. „Ständig reitet sie darauf rum, ich würde mich nicht genug um unsere Beziehung kümmern. Als ob sie da so engagiert wäre." „Hat sie nicht vor drei Wochen die Flyer für deinen neuen Laden designt, um dich zu entlasten und einen Wochenendtrip für euch gebucht, damit ihr etwas Zeit habt?", fragt der Kumpel ein wenig irritiert. „Und wenn schon. Das nützt mir auch nichts, wenn sie mich ständig kritisiert." Das Gespräch der beiden gerät ins Stocken.

Wenn wir etwas lange genug propagieren, werden wir uns schließlich auch so fühlen, unabhängig davon, wie real das ist, was wir so von uns geben. Ich kann mich zwei Stunden lang gemütlich auf meine Couch setzen und ein Glas Wein trinken. Wenn ich dabei nur lange genug darauf beharre, wieviel Stress ich habe und dass ich nie Zeit für mich selbst finde, wird es das sein, was mir im Gedächtnis bleibt – und nicht wie entspannt ich den Tag habe ausklingen lassen. Wenn ich in einem moderaten Tempo meine Arbeit mache und dabei noch genug Zeit für Kaffeepausen und Unterhaltungen habe, muss ich mir nur lange genug selber sagen, wie anstrengend der Job ist und wieviel Mühe ich habe, alles zu schaffen, um mich am Feierabend fix und fertig zu fühlen. Und wenn ich mich bei einem liebevollen Partner, der vieles für mich tut, ausdauernd genug auf die eine Sache konzentriere, die mich stört, empfinde ich meine Beziehung bald als echtes Horrorszenario.

Natürlich existiert Stress auf der Arbeit. Selbstverständlich gibt es Menschen, die einen wenig wertschätzen. Die Frage ist nur, handelt es sich dabei um ein Problem, von dem ich reell betroffen bin, oder um Propaganda in meinem Kopf?

„Unsre besten Fehler, ich lass sie laminieren"

Ich liebe diesen Song von Mark Forster: „Wir sind groß". Ganz besonders die eine Stelle, an der er singt: „Unsre besten Fehler, ich lass sie laminieren". Jedes Mal wieder, wenn ich das Lied höre und dieser Satz kommt, fange ich innerlich an zu strahlen und denke mir: Ja genau. Genau das sollte man machen. Seine besten Fehler laminieren lassen.

Es ist viel zu anstrengend, immer alles perfekt machen zu wollen. Es ist lebensfeindlich, immer alles wohlüberlegt richtig machen zu wollen. Das lässt keinen Raum für Spontanität, für die eigene Intuition oder für diesen Funken Verrücktheit, aus dem manchmal die schönsten und größten Dinge entstehen.

Das Leben ist nicht so. Das Leben ist bunt, voller Möglichkeiten, unvorhersehbar und dann und wann chaotisch. Und deswegen ist es so wunderbar. Nicht, weil immer alles in geordneten, geplanten und festgelegten Bahnen verläuft, sondern weil es einen immer wieder aufs Neue überrascht, zum Staunen oder zum Weinen bringt und immer wieder neugierig macht.

Ich finde, es entwickelt sich so ein wunderbarer Flow, wenn die Dinge nicht perfekt sein müssen und wenn man Fehler machen darf. Alles ist entspannter. Aus den Fehlern kann man lernen. Hinterher weiß man mehr oder stellt vielleicht sogar fest, dass der vermeintliche Fehler gar kein Fehler war.

Ist es ein Fehler, sein Geld für das auf den Kopf zu hauen, was einem am Herzen liegt, anstatt es für später zu sparen? Oder denke ich noch in zwanzig Jahren glückselig an diese eine Reise zurück, die echt teuer war, aber eines der schönsten Erlebnisse in meinem Leben?

Ist es ein Fehler, erstmal raus in die Sonne zu gehen, auch wenn noch viel zu tun wäre und dann wahrscheinlich das ein oder andere liegenbleibt? Oder hab ich anschließend vielleicht sogar mehr Energie für das, was ich noch machen muss?

Ist es ein Fehler, das Leben zu genießen statt sich leicht angespannt und ernsthaft auf wichtige Dinge zu konzentrieren? Oder geschehen die wichtigen Dinge, während ich das Leben genieße?

Ist es ein Fehler, Fehler zu machen? Oder sind am Ende welche dabei, die man tatsächlich laminieren lassen sollte, weil sie so gut waren?

Und falls ja: Die, die wir zusammen gemacht haben, das sind wahrscheinlich tatsächlich die besten.

Was auch immer dich zu dir zurückbringt

Die Welt in ihrem momentanen Zustand ist nicht gerade darauf angelegt, den Menschen die Möglichkeit zu geben, sich auf sich zu konzentrieren. Die Außenwelt kommt von ganz alleine und schreit, während man der Innenwelt bewusst und absichtlich einen Platz geben muss. Tut man das nicht, passiert es leicht, dass man sich von sich selbst entfernt.

Wenn der Autopilot übernimmt und das Re-Agieren mich mehr in Beschlag nimmt als das Agieren, dann geht meine innere Verbindung zu mir Stück für Stück ein wenig verloren. Und plötzlich habe ich das Gefühl, dass meine Intuition nicht mehr richtig funktioniert, dass da keine Rückmeldung von mir selbst mehr kommt zu dem, was ich gerade erlebe.

Dann brauche ich etwas, das mich wieder zu mir zurückbringt. Etwas, das es mir ermöglicht, wieder mit mir Kontakt aufzunehmen.

In meinem Fall ist das die Musik. Musik stellt die Verbindung wieder her zu dem, was hinter dem Autopiloten liegt: Zu meinem Tiefgang, meinem Gefühl und dem Wissen, das nicht meinem Kopf entspringt sondern meinem Bauch.

Ich höre die Songs, die mich berühren und die Gedanken werden leiser. Ich höre Liedtexte, die mir etwas zu sagen haben und mein Herz beginnt wieder, mit mir zu sprechen. Ich höre den Groove, der mich kaum stillsitzen lässt und meine Energie kehrt zurück.

Und dann gibt es da noch die Musik, die mich an die wichtigen, die wahren Dinge erinnert. Als Teenie war ich auf einer Ferienfreizeit in Assisi, auf der wir

„Wonderwall" von Oasis mehrere Abende in Folge auf der Akustikgitarre spielten und sangen. Bis heute kommt meine innere Freiheit sofort zu mir zurück, wenn ich diesen Song höre. Amanda Marshalls „Dark Horse" geht für mich noch immer Hand in Hand mit dem Gefühl der ersten Liebe und erinnert mich daran, dass Verliebtsein nichts Komplexes ist, sondern ganz viel mit Leichtigkeit zu tun hat. Und wenn ich Bon Jovi höre, kommen mir angenehme Spaziergänge an lauen Sommerabenden genauso in den Sinn wie ein spektakulärer Konzertbesuch.

Der Autopilot ist inzwischen gegangen. Gegen die Musik hatte er nicht wirklich eine Chance. Und ich, ich bin gerade wieder bei mir angekommen.

Was auch immer es für dich ist, das dich zu dir zurückbringt: Du solltest es kennen und ihm einen Platz in deinem Leben geben.

Es kann nicht immer nur ums Geld gehen

Vor einiger Zeit beschloss ich, mal bewusst darauf zu achten, welche Gesprächsthemen mir begegnen. Und wie lange es dauern würde, bis ich auf ein Thema stoßen würde, das nichts mit Geld, Wirtschaft oder Job zu tun hat.

In den Medien war es schon mal ziemlich aussichtslos. Solange ich nicht gezielt nach anderen Fernsehsendungen oder Artikeln in Zeitungen suchte, hatte ich es stets mit denselben Themen zu tun. Wie viel Wirtschaftswachstum können wir erwarten? Können sich Unternehmen den Mindestlohn „leisten"? Wie steht es um den aktuellen Benzinpreis? Sonderhefte zu Gehalt und Karriere.

Ähnlich sah es meistens auch in persönlichen Gesprächen aus. „Meine neue Liebeskind-Tasche habe ich mit 30 Prozent Rabatt bekommen." „Wie läuft's auf der Arbeit?" „Der tut viel zu wenig für sein Geld."

Einem Bekannten, mit dem ich Emails schreibe, erzählte ich von einem neuen Hobby. Nach Mail Nummer zwei zu diesem Thema schrieb er zurück: „Aber sag mal, was macht eigentlich dein Job? Du schreibst ja nur von deinem neuen Hobby, wie sieht's auf der Arbeit aus?"

Wir scheinen nur noch selten andere Themen zu haben. Andere Themen muss man suchen, wenn man sie haben möchte. Die Menschen, mit denen man noch anderen Gesprächsstoff hat, muss man suchen.

Wie es einem geht, jenseits von Arbeit und Geld, ist keine interessante Frage mehr. Was jemanden begeistert, außerhalb des Jobs, ist nicht sonderlich spannend.

Welches tolle Buch man zuletzt gelesen hat oder welcher Film im Kino gut war, spielt keine große Rolle. Was jemandem, abgesehen von seinem Gehalt und seiner beruflichen Position, im Leben wichtig ist, wollen wir eigentlich gar nicht mehr wissen.

Aber was passiert, wenn es nur noch um das Geld und die Wirtschaft und die Arbeit geht? Dann schaffen wir vieles ab, was für Menschen existentiell ist. Denn die sinnlose Arbeit für gutes Gehalt wird auf Dauer eher nicht glücklich machen. Der Mangel an Selbstbestimmung wird durch einen Firmenwagen nicht ausgeglichen. Und der Schaden, den ein tyrannischer Chef anrichtet, ist mit Urlaubsgeld nicht behoben. Fehlende Zeit für Wesentliches, weil man ja „was schaffen muss" – am besten 25 Stunden am Tag – wird nicht dadurch weniger zum Problem, weil ich Mercedes fahren kann.

Wenn wir nur mal teilweise Themen wie Selbstbestimmung, Kreativität, sozialer Umgang miteinander, Fragen nach Sinn und Unsinn, Lebensfreude, die ganzheitliche Verfassung eines Menschen wieder in unser Leben ließen, dann könnten wir auch mit den Aspekten Geld, Arbeit und Wirtschaft wieder viel sinniger und logischer umgehen.

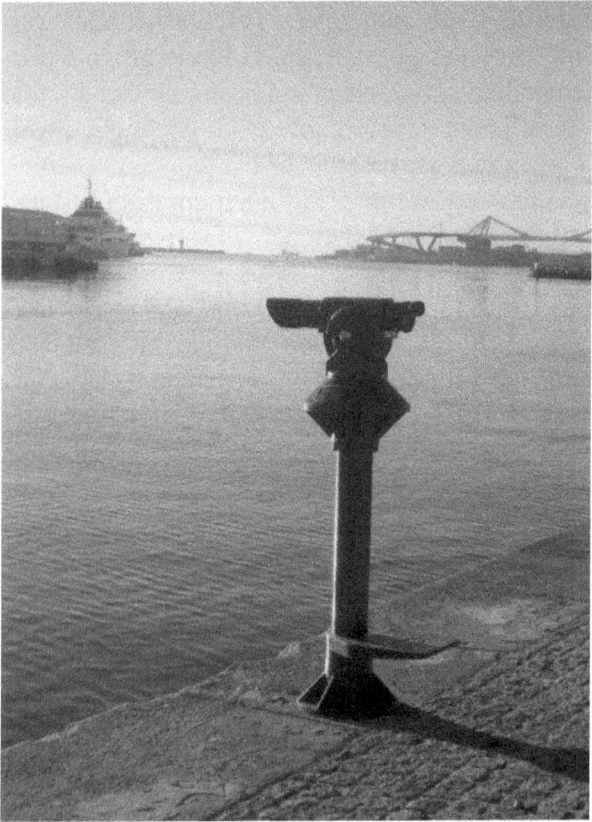

Eigentlich

Eigentlich wollte ich mir endlich mehr Pausen zugestehen. „Nachher gehst du mal raus an die Luft", sage
ich zu mir. Anschließend sehe ich, dass noch drei
Emails auf Beantwortung warten. Der Spaziergang ist
schnell gestrichen.

Eigentlich wollte ich das Tempo zurückschrauben und
etwas langsamer machen. Dann schaue ich auf meine
To-Do-Liste. Mich beschleicht das Gefühl, nicht alles
zu schaffen. Plötzlich agiere ich doch wieder schneller
als ich wollte.

Eigentlich brauche ich mal einen freien Nachmittag
für mich. Da schreibt mir ein Freund, ob wir am
Samstag einen Kaffee trinken wollen. Ich streiche den
unverplanten Samstagnachmittag und trage die Uhr-
zeit in den Kalender ein.

Eigentlich möchte ich mich mit einer bestimmten
Bekannten nicht länger treffen. Wir leben inzwischen
sehr unterschiedlich. Gespräche verlaufen immer irgendwie negativ. Ich wiegle Fragen nach einem
nächsten Treffen zuerst ab. Die Bekannte insistiert.
Seufzend mache ich doch wieder etwas mit ihr aus.

Eigentlich will ich schon länger einmal nach Portugal.
Der Mann, mit dem ich zusammen war, als ich diesen
Wunsch entdeckte, will woandershin. Mein Vorschlag
wird ignoriert. Schließlich buchen wir einen anderen
Urlaub.

Eigentlich würde ich gerne dieses spannende Buch
weiterlesen. Aber es müsste gestaubsaugt werden. Ehe
ich mich's versehe, habe ich auch schon den Staubsauger in der Hand.

Eigentlich würde ich gerne mit einer Freundin einen Stadtbummel machen. Ich habe das Gefühl, ich habe zu viel zu tun und sage ihr ab.

Eigentlich würde ich mein Leben gerne meinen Vorstellungen entsprechend leben. Aber das kann man bei uns nicht einfach so machen.

Ich will mir mehr Pausen zugestehen. Deshalb mache ich meinen Email-Account gar nicht erst auf, schnappe mir meine Schuhe und drehe erstmal eine Runde an der frischen Luft. Die Sonne scheint, der Himmel leuchtet blau, ein paar Vögel singen und es tut gut, draußen zu sein. Freude und Entspannung sind schon nach fünf Minuten mit mir unterwegs. Als ich nach einer halben Stunde zurückkomme, erledige ich die anstehenden Sachen ohne Stress.

Ich will das Tempo zurückschrauben und etwas langsamer machen. Ich schaue auf meine To-Do-Liste und habe das Gefühl, es ist zu viel. Ich entscheide, was auf der Liste noch etwas warten kann. Die anderen Sachen erledige ich in aller Ruhe.

Ich brauche mal einen freien Nachmittag für mich. Da schreibt mir ein Freund, ob wir am Samstag einen Kaffee trinken wollen. Ich schreibe zurück, ob wir uns auch ein andres Mal treffen können. Am Samstagnachmittag sitze ich auf meinem Balkon in der Sonne, höre Musik und tue einfach mal nichts.

Ich möchte mich mit einer bestimmten Bekannten nicht länger treffen. Wir leben inzwischen sehr unterschiedlich. Gespräche verlaufen immer irgendwie negativ. Ich wiegle Fragen nach einem nächsten Treffen zuerst ab. Die Bekannte insistiert. Ein Grund mehr für einen Schlussstrich. Ich teile ihr nochmals mit, dass ich keine Zeit für ein Treffen habe, und im Übrigen auch keinerlei Lust, wenn ich unter Druck gesetzt werde.

Ich will schon länger einmal nach Portugal. Ein Jahr, nachdem ich mich von dem Mann, dem meine Urlaubswünsche immer egal waren, getrennt habe, stehe ich an der Atlantikküste und erlebe eine der schönsten Reisen meines Lebens.

Ich würde gerne dieses spannende Buch weiterlesen. Aber es müsste gestaubsaugt werden. Der Staubsauger steht auch morgen noch da. Ich lese das Buch weiter.

Ich würde gerne mit einer Freundin einen Stadtbummel machen. Ich habe das Gefühl, ich habe zu viel zu tun. Aber zu erledigende Aufgaben können auch mal einen Tag warten. Ich sage ihr zu und wir haben eine Menge Spaß.

Ich möchte mein Leben gerne meinen Vorstellungen entsprechend leben. Und weil es keinen Grund gibt, das nicht zu tun, versuche ich mein Bestes, meinen Vorstellungen treu zu bleiben. Infolgedessen wandle ich den Großteil der Zeit als glücklicher Mensch durch diese schöne Welt.

Streich „eigentlich" aus deinem Wortschatz und es geschehen erstaunliche Dinge.

Mein Schmerz geht übers Meer

Es gibt im Leben auch Dinge, die tun richtig weh. Der Mann (oder die Frau), an dem du hängst und der dich trotzdem verlässt. Oder den du verlässt, weil es unerträglich geworden ist; und trotzdem hättest du dir etwas anderes gewünscht. Der Kumpel, der dich einfach hängen lässt. Die eine Sache, die du unbedingt tun wolltest und es hat nicht funktioniert.

Vor einiger Zeit habe ich einen Song entdeckt. Von Alejandro Sanz und The Corrs gibt es das Lied „Una Noche". Dort heißt es:

„Después de pensar, después de ver a mi dolor andar sobre el agua del mar …"

Auf Deutsch etwa: „Nachdem ich nachgedacht hatte, nachdem ich meinen Schmerz über das Wasser des Meeres gehen sah…"

Dieses Bild finde ich einmalig. Mein Schmerz geht übers Meer. Was für eine schöne Vorstellung. Ist es nicht vielleicht tatsächlich so? Dass nach einer gewissen Zeit, nachdem man zur Genüge darüber nachgedacht hat, der Schmerz sozusagen über das Meer wandert?

Plötzlich sitze ich mit einem tollen Mann im Café und merke, wie mein Bauch anfängt zu kribbeln. Gedanken daran, ob auch das schief geht, sind zwar noch da. Doch sie mischen sich mit Hoffnung. Es vergeht noch etwas Zeit und dann kommt dieser Moment, in dem ich das Gefühl habe: Mein Schmerz geht übers Meer.

Auf einmal lerne ich ein anderes Mädel kennen, mit dem ich viel gemeinsam habe. Wir verstehen uns auf Anhieb, es ist lustig und wenn wir etwas zusammen unternehmen, vergeht die Zeit wie im Flug. Zwischendurch fällt mir ein, dass es auch schon gute Freunde gab, auf die nicht gerade Verlass war. Doch ich fühle mich echt wohl. Mein Schmerz geht übers Meer.

Überraschend ergibt sich eine tolle Gelegenheit für etwas, das ich sehr gerne tun würde. Als ich es das letzte Mal probiert habe, hat es nicht geklappt. Soll ich es deshalb nicht mehr versuchen? Oder könnte es nicht diesmal vielleicht auch funktionieren? Mein Schmerz geht übers Meer.

Es erfordert Mut, den Schmerz übers Meer gehen zu lassen. Doch ich glaube, man sollte es tun. Natürlich beinhaltet jedes neue Wagnis das Risiko, enttäuscht zu werden. Doch was wäre die Alternative? Kein Risiko mehr einzugehen? Mag sein, dass einen das vor Enttäuschungen bewahrt, genauso „bewahrt" es einen aber auch vor dem Leben mit all seinen Facetten. Und wenn es richtig dumm läuft, vor einer Vielzahl wunderbarer Erlebnisse, an die man, wenn man alt ist, gerne zurückgedacht hätte.

Von anderen nichts lernen können

Dass wir von anderen etwas lernen könnten, ziehen wir oft nur in Erwägung, wenn es sich um Leute handelt, die mehr erreicht haben als wir, die eine höhere Position innehaben oder ähnliches. Das ist schade.
Ich glaube, dadurch entgeht uns etwas. Denn die wirklich erstaunlichen Dinge, die lernt man meist nicht dort, wo es offensichtlich ist.
Von meinen Kindern in meinen Tanz-Projekten lerne ich, wie erfrischend und wohltuend Ehrlichkeit ist. Ich bewundere sie sehr, diese direkte und unverblümte Art von Kindern, der Welt ohne Vorbehalte mitzuteilen, was sie denken.
Von Menschen, die schon einige Jahre mehr als ich auf diesem Planeten zugebracht haben, lerne ich, dass es viel weniger Grund zur Panik gibt, als ich vielleicht manchmal den Eindruck habe. Dass es nicht nur in Ordnung, sondern auch sinniger ist, gelassen zu bleiben und sich nicht verrückt zu machen, selbst wenn mal etwas schiefgeht.
Von meinem Bruder lerne ich, dass ein sachlicher und pragmatischer Blick auf die Welt wunderbar mit Empathie und Lebensfreude Hand in Hand geht und dass die Welt von dieser Kombination eine Schippe mehr vertragen könnte.
Von Menschen aus anderen Teilen der Erde lerne ich, meinen Horizont weiter werden zu lassen und mehr zu sehen als die begrenzten Ideen, die dort regieren, wo ich herkomme.

.Von Menschen, die ganz andere Dinge tun als ich, lerne ich, wie bunt und vielfältig das Leben ist und wie viele Möglichkeiten wir zur Auswahl haben.

Mir gefällt die Vorstellung, dass wir aufhören zu denken, wir könnten von anderen nichts lernen. Dann würden wir jeden Tag mit neuen Impulsen beschenkt. Dann würde sich letztendlich vielleicht sogar ein anderer Blickwinkel einstellen, der die Welt und unser Miteinander friedlicher und entspannter macht, weil wir sehen könnten, wie wertvoll unser Gegenüber ist.

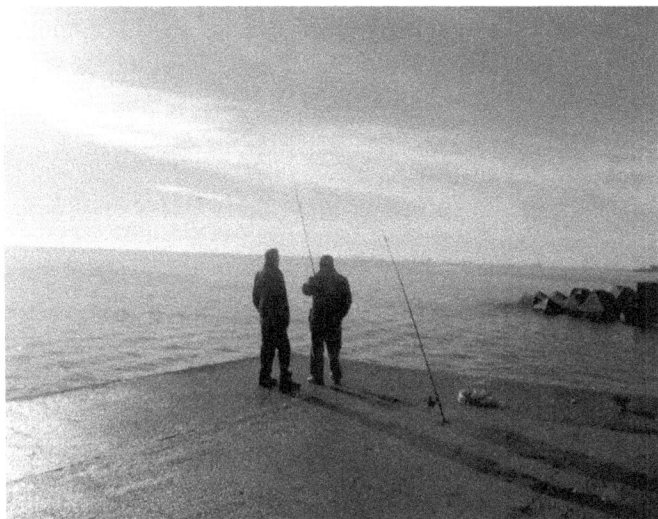

In welcher Welt willst Du leben?

Im Internet bin ich neulich auf eine Blogparade gestoßen. Auf seinem Blog „träumen → denken → machen“ hat Matthias Wilke die Frage gestellt: „In welcher Welt willst Du leben?“ und dazu eingeladen, Beiträge zu diesem Thema zu verfassen.
Seine Intention dabei war, an die Schönheit des Lebens, an die Leichtigkeit und an unsere Träume zu erinnern, denen wir oft zu wenig Beachtung schenken. Ich fand die Idee toll und wollte gerne einen Text zu dieser Frage schreiben.
Die Antwort? Ich könnte wahrscheinlich ein eigenes Buch mit Ideen füllen, in welcher Welt ich gerne leben würde… In einer Welt voller Hoffnung, Liebe, Respekt, Zuversicht und Freundlichkeit.
Doch als Matthias das auf seinem Blog so fragte, dachte ich spontan: In einer Welt mit mehr Menschen, die diese Frage stellen. Denn wie sähe die Welt wohl aus, wenn diese Frage mehr Raum einnehmen würde?
In meinem Leben begegnen mir viele Themen. Die Leute um mich herum möchten wissen, wie die Arbeit läuft oder was ich am Wochenende gemacht habe, die Zeitungen sind voll von den Krisenmeldungen einer aus den Fugen geratenen Welt, die Politik verkündet, worauf Bürgerinnen und Bürger sich einzustellen haben, die Nachbarin erzählt von der Grillparty, eine Bekannte ist genervt von ihrem Mann, mein bester Kumpel wartet sehnlichst auf seinen nächsten Urlaub… Wann hat mich das letzte Mal jemand gefragt, in welcher Welt ich leben will? Wovon ich träume? Bei welchen Ideen mein Herz leicht und frei wird?

Wenn mich jemand nach so etwas fragt, geht in meinem Inneren eine Tür auf. Eine Tür hinter dem äußeren Eindruck. Hinter dem Smalltalk, hinter den Gedanken darüber, was „man" sagen oder machen darf, hinter dem Zensor, der immer noch glaubt, er hätte ein Mitspracherecht dazu, was mein Herz will.

Hinter dieser Tür liegen ungeahnte Weiten. Hinter dieser Tür liegt das Beste und Wertvollste, das ich dieser Welt geben kann. Hinter dieser Tür liegen meine Begabungen, meine Träume und meine wunderbarsten Eigenschaften. Die schönste Facette meines Selbst. Denn diese Frage „In welcher Welt willst Du leben?" verändert meinen Fokus. Sie zieht ihn weg von den Ideen, was alles nicht möglich sei, was sich nicht gehört, was angeblich nicht zu ändern ist. Sie sprengt die fiktiven Schranken in meinem Kopf und erreicht mein Herz und meinen Bauch. Und die beiden wissen Bescheid über die wunderbaren Pfade, auf denen man fern der Hauptstraßen wandeln kann. Sie kennen die Varianten eines bunten, erfüllten Lebens. Und sie haben auch den Mut im Gepäck, den es braucht, um Gefühl und Intuition im passenden Moment den Vorrang zu geben.

Und wenn mir das so geht, wenn diese Frage die Kraft besitzt, eine Tür zu öffnen, vielleicht passiert dann Ähnliches auch bei anderen Menschen? Vielleicht verschafft diese Frage Zugang zu dem, was tiefer liegt, zu den Träumen und den Ideen abseits dessen, was unser Kopf zu wissen glaubt.

Von einer Welt, in der die Menschen sich fragen, wie sie leben möchten, von der träume ich.

Der rosa Flamingo

Vor einiger Zeit stellte ich an einem Samstagnachmittag mit viel Sonnenschein meine neue Outdoor-Deko auf den Balkon, bestehend aus einem rosa Flamingo, Bambus sowie einer Schale mit Wasser inklusive schwimmendem Fisch und Blume. Als ich dann mein Werk so betrachtete, kam mir der typische Gedanke: Foto machen und das Ganze auf Facebook posten. Das fand ich witzig. Gesagt, getan. Innerhalb von fünf Minuten bescherte mir mein Foto auch schon 16 Likes, drei Herzen und zwei Wows. Tendenz steigend während des weiteren Nachmittags.

Irgendwie erstaunlich, wieviel Resonanz so ein rosa Flamingo erzielt. Und das Phänomen wird noch interessanter, wenn ich bedenke, dass meine „seriösen" Posts auf Facebook häufig nicht halb so viel Anklang finden. Der Hinweis auf meinen neuesten Blog-Artikel oder auf meinen nächsten Tanz-Workshop ruft meistens weniger Enthusiasmus hervor als das Deko-Kunstwerk auf meinem Balkon.

Als ich meinem Bruder, der im Informatik-Bereich arbeitet, von dieser Entdeckung erzählte, hatte er Ähnliches zu berichten: Hinweise auf die Aktualisierung einer App oder auf den letzten Fachartikel in einer IT-Zeitschrift werden lange nicht für so spannend befunden wie der neueste Post der selbstgebackenen Muffins seiner Frau.

Was sagt uns das jetzt? Vielleicht sollte ich mehr Texte über „Sexy Männer" schreiben, über „Mein aktuelles Fashion-Highlight", „Mein Babykätzchen beim Spielen", „Das Fahrgefühl des Porsche Cayenne

GTS" – damit sich auch die Jungs angesprochen fühlen? Nicht dass ich eine Möglichkeit hätte, den Porsche Cayenne GTS tatsächlich zu fahren. Und ich habe auch kein Babykätzchen.

Ein bisschen gibt es mir aber auch zu denken, dass es diese Themen sind, von denen sich viele Menschen am meisten angezogen fühlen und denen sie ihre Aufmerksamkeit schenken. Nichts gegen lustige Katzen-Videos oder Begeisterung für Balkon Deko – ich habe ja selbst meinen rosa Flamingo ins Netz gestellt, weil es mir Spaß gemacht hat. Doch es ist nicht der rosa Flamingo auf meinem Balkon, der mich wirklich glücklich macht und mein Leben bereichert. Ich finde ihn lustig und freue mich darüber, dass er da steht, doch in Begeisterung versetzt mich, wenn ich bei einem meiner Workshops mit den Teilnehmern eine tolle Choreografie tanze. Wahre Freude bereitet es mir, wenn es mir gelingt, in einem meiner Artikel etwas Essentielles auf den Punkt zu bringen. Genauso wie mein Bruder sein Herzblut in die Entwicklung seiner Apps steckt – und weniger in sein Auto.

Deshalb interessieren mich auch in erster Linie die Themen mit Tiefgang und Substanz. Und mein rosa Flamingo-Post bleibt eher eine unterhaltsame Zugabe.

Was ich nicht erklären kann

Ich kann nicht erklären, wieso es mich so glücklich macht, zu tanzen. Was es für mich bedeutet, wenn Musik und Bewegung eins werden, mein Kopf leer wird und Herz und Bauch das Kommando übernehmen.

Ich kann nicht erklären, wieso von vielen Ländern, in die ich gereist bin, gerade Spanien mein Herz besonders berührt. Dass der Atlantik mich mehr zum Staunen bringt als das Mittelmeer. Dass mir der Oliva Beach bei Corralejo ganz besonders in Erinnerung geblieben ist. Und dass es in Estoril eine Strandbar gibt, die für mich etwas ganz Besonderes ist.

Ich kann nicht erklären, wieso ich den Duft von Regen liebe und es mich glücklich macht, zu den Sternen hochzugucken, wenn es dunkel ist.

Ich kann nicht erklären, wieso Bücher wie „Der träumende Delphin", „Das Café am Rande der Welt", „Warum nicht: Über die Möglichkeit des Unmöglichen" oder „Das große Los" mein Herz wärmen, und andere nicht.

Ich kann nicht erklären, was das Besondere ist, das mich mit bestimmten Menschen verbindet, weshalb es einen Draht zu ihnen gibt, während ich zu manchen anderen keinen Zugang bekomme.

Ich kann nicht erklären, wieso ich davon überzeugt bin, dass es viel mehr Spaß macht, unter die Oberfläche abzutauchen und die Dinge zu entdecken, die nicht offensichtlich sind, als sich mit dem sofort Sichtbaren zu beschäftigen.

Ich kann nicht erklären, wieso ich dieses Leben so sehr liebe, in all seiner spannenden Unvollkommenheit.

Was ich nicht erklären kann, ist nicht weniger wahr oder weniger von Bedeutung und will auch nicht weniger zur Kenntnis genommen werden als das, was mein Verstand erfassen kann.

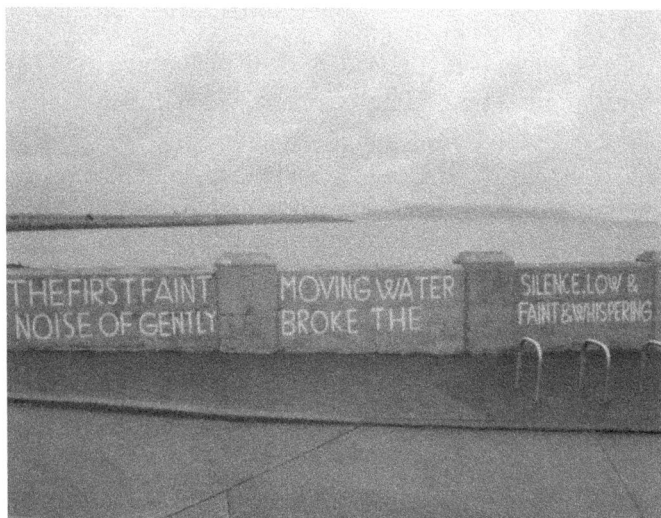

Dieser Tag kommt nie zurück

Kein Tag ist wie der andere. In einem Buch von Jon Kabat-Zinn habe ich mal gelesen, nicht einmal eine Stunde gleicht der anderen. Dass das so ist, ist in doppelter Hinsicht toll, wenn man es erkennt und seine Schlüsse daraus zieht.

An den guten, schönen oder sogar phänomenalen Tagen kann es mich daran erinnern, sie wirklich zu genießen. Nicht in Gedanken woanders zu sein. Nicht das, was ich da gerade Tolles erlebe, achtlos vorbeiziehen zu lassen. Sondern wahrzunehmen, tatsächlich mitzubekommen: Das hier ist gerade echt schön. Oder vielleicht sogar: Das hier ist etwas Großes. Und wenn ich mit 80 in meinem Lehnstuhl sitze, kann ich daran zurückdenken und werde feststellen: Mein Leben war klasse. Ich durfte Dinge erleben, die erfüllend waren, die mir wirklich etwas bedeutet haben, die mein Herz berührt oder die einfach irrsinnig Spaß gemacht haben. Es kann mich dafür sensibilisieren, dass dieser Tag – oder diese Stunde – etwas Besonderes ist, weil es sich so, in genau dieser Form, kein zweites Mal ereignen wird.

Dann gibt es da noch die anderen Tage. Die, die ich eigentlich gar nicht haben mag, weil sie zu denen zählen, an denen es mir schlecht geht, ich etwas erlebe, das mir wehtut, oder ich mich mit Erkenntnissen rumschlage, die mich nicht gerade fröhlich stimmen. Meistens nützt es in diesen Momenten nichts, sie „wegdrücken" zu wollen, ihnen irgendwie entfliehen oder sie zumindest möglichst schnell eliminieren zu wollen. Dann finde ich es tröstlich, sich vor Augen zu halten: Auch dieser Tag kommt nie zurück. Der Tag morgen wird ein anderer sein. Das macht es vielleicht etwas leichter, mit den weniger schönen Tagen klarzukommen und damit, dass sie auch zum Leben gehören. Und wenn ich es dann akzeptieren kann, weil ich weiß, es geht vorbei, hat das Ganze vielleicht doch noch etwas Gutes: Denn Erlebnisse oder Erkenntnisse, die nicht angenehm sind, denen ich aber nicht ausweiche, aus denen kann ich meine Schlüsse ziehen. Und das, was ich dadurch verstanden habe, macht mein weiteres Leben häufig wieder leichter und bunter.

Woher die Energie kommt

Wir alle brauchen Möglichkeiten, um Energie zu tanken. Jeder tut das auf seine Weise.

Bei mir ist es so: Fürs Erste sind Couch und Fernsehen gar nicht so verkehrt, wenn ich müde bin und eine Pause brauche. Vor allem, wenn ich mir dann ein Programm suche, das ich gerne sehe und dem ich etwas abgewinnen kann.

Vor ein paar Wochen fühlte ich mich aber mal richtig gestresst. Irgendwie war ständig irgendetwas, ein paar neue Projekte gingen los, auf die ich mich erst einstellen musste, und es machte sich ein Gefühl breit von: „Ich hab jetzt keinen Bock mehr." Da half dann auch die Couch nichts mehr. Dann war es Samstag. Am Vormittag hielt ich noch einen Kurs und nachmittags war ich mit einem Freund im Biergarten verabredet. Kurz überlegte ich nach dem Kurs, ob ich ihm absagen soll, weil ich den Eindruck hatte, mir ist alles zu viel. Aber die Sonne schien, es war perfektes Biergarten-Wetter und mein Bauchgefühl sagte mir, dass ich jetzt auch nicht viel davon habe, wenn ich einfach zuhause bleibe.

Also trafen wir uns, saßen in der Sonne, tranken in Ruhe was und unterhielten uns. Es war total nett, die Gedanken in meinem Kopf wurden leiser und plötzlich fühlte ich mich von jetzt auf gleich gar nicht mehr gestresst. Mit neuer Energie, beschwingt und inspiriert ging ich später nach Hause und war froh, dass ich nicht abgesagt hatte.

Dabei fiel mir auf, dass die Energie meistens von den Sachen kommt, die mir richtig Spaß machen. Die mich begeistern oder inspirieren oder mir auch die nötige Ruhe verschaffen. Seitdem überlege ich genauer, was ich gerade wirklich brauche: Ob es tatsächlich gerade der Fernseher ist, vor dem ich Energie tanken kann, oder ob ich mal raus muss und was anderes sehen. Ob ich mich mit Freunden treffen und quatschen will oder lieber mit ihnen einen tollen Film im Kino anschauen möchte. Ob ich mit einer Tasse Kaffee gemütlich auf meinem Balkon sitzen will oder eine Runde Sport brauche.

In jedem Fall ist es gut, die Dinge zu kennen, die einem Spaß machen. Und die dann auch zu tun, um den Akku wiederaufzuladen.

Diese Liebe zum Leben

Manchmal überkommt es mich. Dann habe ich einen dieser kostbaren Momente, in denen ich glasklar erkennen kann, wie schön das Leben ist. Wie atemberaubend und voller Wunder. Dann spüre ich, wie sehr ich das Leben liebe.

Das Interessante dabei ist, dass es sich in diesen Situationen meistens nicht um spektakuläre Augenblicke handelt. Ich stehe dabei nicht auf einem Kreuzfahrtschiff, spaziere nicht im Mondschein mit dem gutaussehenden Traumprinzen, mich sucht auch kein unerwarteter Geldsegen heim und ich kriege auch nicht den lukrativsten oder prestigeträchtigsten Job aller Zeiten.

Es passiert, während ich im Auto sitze. Es ist neun Uhr abends und es wird dunkel, während ich von einem Kurs, den ich jede Woche im Fitnessstudio gebe, nach Hause fahre. Im Radio läuft der eine Song, den ich gerade so toll und inspirierend finde. Ich drehe lauter, ich singe begeistert mit, ein Gefühl von Freiheit erfüllt mich. Alles andere rückt in den Hintergrund, da ist ausschließlich dieser schöne Augenblick. Ich fühle mich losgelöst und glücklich.

Es passiert, während ich ein Buch lese. Was darin steht, fesselt mich. Ich komme an eine Stelle, bei der ich das Gefühl habe, der Schriftsteller spricht mir aus der Seele. Besser hätte ich es auch nicht formulieren können. Freude breitet sich aus. Jemand sieht die Welt wie ich. Dass ich ihn nicht persönlich kenne, tut dem Ganzen keinen Abbruch.

Es passiert während meines Kinder-Tanzprojekts. Meine Mädels haben Spaß. Eine strahlt ganz besonders, während sie tanzt. Mir geht das Herz auf. Noch zwei Stunden später freue ich mich darüber.

Es passiert, während ich mit meiner Mutter auf der Terrasse sitze. Wir trinken einen Kaffee und unterhalten uns. Die Sonne scheint. Das Gespräch ist toll, ich kriege neue Ideen. Inspiration tut sich auf. Am liebsten möchte ich gleich loslegen. Energien werden frei.

Es passiert, während ich schreibe. Ruhe und Frieden umgeben mich, wenn ich formulieren kann, wie ich Dinge sehe; wenn ich die für mich richtigen Worte finde. Ich werde ganz gelassen.

Es passiert, während ich die E-Mail einer Freundin lese. Am Samstag waren wir zusammen essen. Sie schreibt, dass es ein toller Abend war und wir das bald wiederholen müssen. Mir geht es genauso. Ich freue mich.

Es passiert, wenn ich morgens das Fenster aufmache. Es ist noch kühl und der Duft von Regen liegt in der Luft. Ich atme tief ein. Ich liebe diesen Duft nach Regen. Der neue Tag kann losgehen.

Oft denke ich, ich sollte diesen Momenten noch mehr Beachtung schenken. Denn dann würde ich noch öfter diese Liebe zum Leben spüren, um die es letztendlich geht.

Mach's auf deine Art

Expertentum steht bei uns hoch im Kurs. Gefragt werden immer die, die sich ganz speziell auskennen, auf einem – oft sehr kleinen – Gebiet. Da weiß der Ernährungsexperte, welche fünf Lebensmittel man nie, wirklich nie essen sollte. Die Entspannungstrainerin ist sich sicher, nur Yoga verhilft zu wahrer Regeneration. Die Organisationsexpertin hat Gewissheit darüber, dass das Delegieren an andere zu einer enormen Zeitersparnis führt.

Auch im täglichen Leben treffen wir immer wieder auf Leute, die ganz genau wissen, was zu tun ist – und dass es nur so geht. Erstaunlich viele Menschen sind sich sehr, sehr sicher, dass ihre Methode die richtige ist.

Doch zum Glück ist die Welt groß und bunt. Viele Wege führen nach Rom, oder wo auch immer du hinwillst.

Du kannst deinen eigenen Weg finden, dich sinnvoll zu ernähren, auch ohne auf dieses eine Lebensmittel zu verzichten, das Ernährungsexperten so suspekt ist. Du kannst feststellen, dass Yoga überhaupt nicht zu dir passt und aus einer Vielzahl anderer Möglichkeiten dein passendes Entspannungsprogramm aussuchen. Du kannst feststellen, dass es dir nur noch mehr Zeit raubt, jemand anderem eine bestimmte Aufgabe übertragen zu wollen; dafür sparst du tatsächlich Zeit, wenn du in der einen Stunde, in der du dich selbst darum kümmerst, ein „Bitte nicht stören"-Schild an die Tür hängst.

Oder du stellst fest: Die fünf bösen Lebensmittel mochte ich eh noch nie, die lass ich gerne weg. Yoga entspannt mich wirklich. Wenn ich die Aufgabe XY abgebe, habe ich tatsächlich mehr Zeit.

Das Wichtige ist nur: Du entscheidest. Niemand kann wissen, was für dich stimmig ist, egal wie hoch er seinen Expertenstatus auch immer einschätzt.

Empfehlungen sind toll, wenn wir sie in aller Offenheit bekommen. Von einem Gegenüber, das eine Idee für uns hat und uns die Freiheit lässt, diese Idee inspirierend oder daneben zu finden.

Empfehlungen von Menschen, die ganz genau wissen, was gut für alle wäre, sind dagegen mit großer Vorsicht zu genießen.

Deshalb: Mach's auf deine Art. Hol dir Tipps, schau, wie andere es machen; und lass diese Infos durch deinen Filter laufen, sodass du am Ende nur das daraus ziehst, was dich persönlich reell weiterbringt.

Schon Frank Sinatra hielt fest: „I did it my way".

Manchmal träume ich

Manchmal träume ich von einer Welt ohne E-Mails. Einer Welt, in der ich nicht damit beschäftigt bin, mich durch zig Nachrichten zu wühlen, von denen die Hälfte bis zwei Drittel verzichtbar gewesen wäre. In der Menschen mich noch anrufen oder gar einen Brief schreiben müssen, wenn sie etwas von mir möchten.

Manchmal träume ich davon, in einem kleinen Küstenort am Meer zu leben, in dem ich außer für Essen und Wohnen kein Geld benötige. An dem ich meinen Feierabend damit verbringe, dem Rauschen der Wellen zuzuhören und der Sonne zuzugucken wie sie hinter dem Horizont verschwindet. Wo ich mich weniger in Einkaufszentren und mit Konsum-Gedöns aufhalte, sondern mit frischer Luft und leckerem selbst gekochtem Essen.

Manchmal träume ich von Menschen, die nicht mit versteinertem Gesichtsausdruck durch die Straßen rennen, sondern ein Lächeln auf den Lippen haben, während sie in Ruhe ihrer Wege gehen. Denen anzusehen ist, dass ihnen ihr Leben gefällt und dass sie die Schönheit dieser Welt erkannt haben.

Manchmal träume ich von Frauen und Männern, die sich nicht wegen Nichtigkeiten zerfleischen, sondern gemeinsam auf das schauen, was im Leben wichtig ist. Die rücksichts- und respektvoll miteinander umgehen. Die voneinander lernen anstatt die Dinge zu bekriegen, die sie nicht verstehen.

Manchmal träume ich davon, dass es wieder Raum für Kinder gibt. Dass uns wieder interessiert, wie Kinder die Welt sehen und dass wir ihnen den Entfaltungsspielraum und die Zeit zugestehen, die sie brauchen, um fröhliche und gesunde Erwachsene zu werden.

Manchmal träume ich davon, dass wir Talente fördern. Dass diejenigen, die etwas auf dem Kasten haben, eine Chance bekommen, unabhängig davon wie groß ihre Anpassungsfähigkeit an mehr oder weniger kleinkarierte Strukturen ist.

Manchmal träume ich von einer Welt, in der Ruhe und Gelassenheit einen hohen Stellenwert besitzen. Einer Welt, in der es erwünscht ist, gut für sich selbst zu sorgen, sich Auszeiten zu nehmen, wenn man sie braucht und auf Hektik und Dringlichkeitswahn weitgehend zu verzichten.

Wovon träumst du?

Nimm dir Zeit

Auf meinem Schreibtisch steht ein Aufsteller mit verschiedenen Zitaten. Eines davon ist von Ovid und
lautet: „Was ohne Ruhepausen geschieht, ist nicht von
Dauer". Und ich denke mir, wie wahr das ist. Bestand
haben die Dinge, die man „richtig" macht, bei denen
nicht in aller Eile eine kurze Begeisterung aufflammt,
die gleich darauf wieder versiegt; die Dinge, für die
man sich Zeit nimmt und zwar immer wieder; die
Dinge, an denen man dranbleibt und die man wieder
aufnimmt, auch wenn man sie einmal unterbricht, um
sich um anderes zu kümmern.

Ob es um Freundschaften geht, um Lieblingsbeschäf-
tigungen, um die eigene Entwicklung oder um Liebesbeziehungen: Von kurzer Dauer sind sie meist,
wenn sie in Lichtgeschwindigkeit vonstattengehen.
Jahre später bleiben sie uns auch dann noch erhalten,
wenn wir uns Zeit dafür genommen haben, Ruhe und
Freiraum.

Das ist nicht immer leicht, in einer Gesellschaft, die
viel dafür tut, stetig das Tempo zu erhöhen. In der wir
als erfolgreich gelten, wenn wir sagen, dass wir keine
Zeit haben und schiefe Blicke ernten, wenn wir erzählen, dass wir eine Stunde auf unserem Balkon saßen,
um in die Wolken zu gucken.

Und trotzdem glaube ich, dass diejenigen zufriedener
sind, die sich noch Zeit nehmen. Die Freundschaft
zweier Menschen hat höhere Überlebenschancen,
wenn die beiden sich das ganze Jahr hindurch alle vier
Wochen treffen, anstatt einen Monat lang wöchentlich
aufeinanderzusitzen, um dann ein Vierteljahr nichts

mehr voneinander zu hören. Das heißgeliebte Hobby, das wir so dringend für unsere Balance bräuchten, finden wir eher, wenn wir in Ruhe überlegen, was zu uns passt und dann dabei bleiben; während der Stress noch verstärkt wird, wenn unsere Lieblingsbeschäftigung heute das Töpfern, übermorgen die asiatische Kochkunst und in zwei Wochen der Stepptanzkurs ist. Wer sich weiterentwickeln will, wird gar nicht drum herumkommen, sich dafür kontinuierlich Zeit zu nehmen; denn ich habe noch von niemandem gehört, dass sein Wunsch, gelassener zu werden, nach dem einmaligen Anhören einer Meditations-CD in Erfüllung ging. Das gelingt dann doch denjenigen, die es schaffen, sich über einen längeren Zeitraum mit der Frage nach Gelassenheit zu beschäftigen. Und die Liebesbeziehungen? Die laufen doch auch besser, wenn er sie nach einem Jahr noch ab und zu fragt, ob sie mit ihm essen geht und das nicht schon nach drei Wochen eingestellt hat; oder wenn sie nach acht Monaten nach wie vor seine liebevolle Seite mag und nicht dazu übergegangen ist, ihn wegen seiner fehlenden Durchsetzungsfähigkeit zu kritisieren.

Deshalb: Lasst euch Zeit. Nehmt euch so viel Ruhe, wie ihr braucht, um rauszukriegen, was das Richtige für euch ist Und zwischendurch macht einfach mal Pause.

Das Leben genießen

„Ich habe das ganze Wochenende an meinem Referat gesessen und muss jetzt noch die Texte für die Vorlesung am Mittwoch durcharbeiten", sagte während des Studiums einmal eine Kommilitonin zu mir. Und sie fügte hinzu: „Ich kann mich schon gar nicht mehr erinnern, wann ich das letzte Mal bummeln war." Das Interessante dabei war: Sie sagte es mit stolzgeschwellter Brust. Ihr Blick machte deutlich, es gibt nur eine akzeptable Antwort: „Stimmt, mir geht es genauso."

Zu erwähnen, dass ich selbst nicht das ganze Wochenende für mein Referat gebraucht, ja sogar die Texte schon alle gelesen hatte, wäre einem Affront gleichgekommen. Zu sagen, dass ich am Sonntag zum Brunchen bei Freunden gewesen war, hätte wohl die Eiszeit heraufbeschworen.

Seit meinem Studium haben sich solche Situationen wenig verändert. „Wir waren am Samstag so müde; trotzdem sind wir in die Stadt gegangen, um ein Geburtstagsgeschenk für Tante Inge zu besorgen. Das hat drei Stunden gedauert, ins Kino haben wir es dann auch nicht mehr geschafft." – „Ich würde gerne einen Kaffee mit dir trinken, aber in vier Tagen bekommen wir Besuch und ich muss noch putzen und einkaufen und habe noch so viel zu erledigen." – „Ich wollte ja gerne mit meiner Frau den Hochzeitstag feiern, aber ich habe drei Überstunden gemacht."

Es scheint da so ein ungeschriebenes Gesetz zu geben, das besagt: Sein Leben zu genießen, ist verboten. Statt zu tun, was einem am Herzen liegt, muss man seine

Zeit mit Verpflichtungen verbringen, die einem keine Freude bereiten.

Irgendwie scheint es nicht möglich, Vorbereitungen für ein Referat auf drei Nachmittage zu begrenzen, um es dann gut (genug) sein zu lassen und sich mit seinen Freunden zu treffen. Man kann für Tante Inge nicht einfach einen Gutschein besorgen und dann gemütlich ins Kino zu gehen. Schon vier Tage vor Eintreffen eines Besuchs muss alles auf Vordermann gebracht werden, da darf nicht erstmal ein Kaffee getrunken werden. Und der Hochzeitstag... der fällt gezwungenermaßen der Arbeit zum Opfer.

Und neben dem Bedauern darüber gibt es da noch einen gewissen Stolz, sich aufgerieben und gestresst zu haben. Doch ist das am Ende ein erfülltes Leben, wenn wir auf möglichst viel Maloche zurückblicken können?

Oder wäre es vielleicht doch eine Idee, es sich zu erlauben, sein Leben zu genießen? Mal die Liebe wichtiger zu nehmen als die Arbeit? Den Besuch mit der eigenen guten Laune zu beglücken statt mit dem blitzblank geputzten Haus? Tante Inge zu ermöglichen, sich selbst auszusuchen, was sie haben möchte und auf diese Weise sogar noch einen schönen Nachmittag im Kino zu verbringen?

So absurd hört sich das doch gar nicht an, oder?

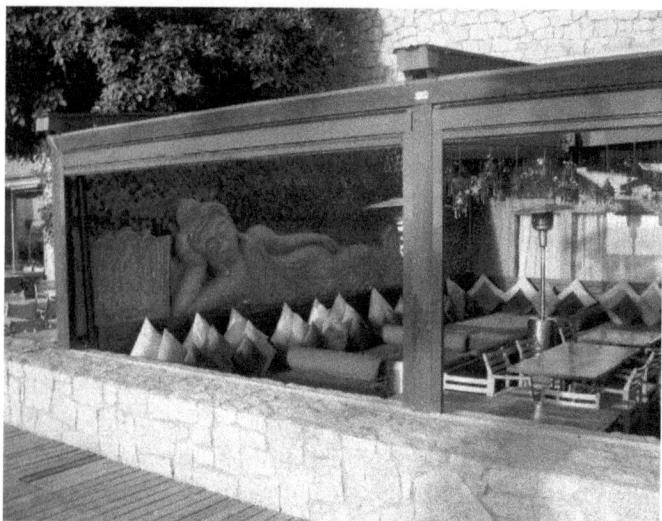

Der Notizblock auf meinem Nachttisch

„Das Problematische drängt sich von selbst auf, das Wertvolle muss man suchen", schreibt Uwe Böschemeyer in einem seiner Bücher. Und tatsächlich: Negatives scheint uns oft viel länger und besser im Gedächtnis verankert zu bleiben als die schönen Dinge. Noch drei Tage später kann ich mich über den blöden Spruch einer – mir noch nicht einmal nahestehenden – Person ärgern; die lieben Worte eines wichtigen Menschen verblassen dagegen viel zu schnell.

Wer das anders haben möchte, scheint sich darum kümmern zu müssen; denn von selbst legt unser Hirn diese unschöne Gewohnheit eher nicht ab.

Mich veranlasste das dazu, einen Notizblock zu kaufen, an dem ich in einem Laden vorbeilief: „Wonderful time" ist da zu lesen, ein rosa Flamingo steht auf einer grünen Wiese vor blauem Himmel, Blumen in orange, weiß und lila sowie ein blauer Schmetterling runden das Bild ab. Selbst ein Stempel mit der Aufschrift „Honolulu Hawaii" fehlt nicht.

Dieser Notizblock liegt seither auf meinem Nachttisch. Jeden Abend, bevor ich schlafe, schreibe ich hinein, was heute gut war. Dazu verfasse ich keinen Roman, meist sind es nur Stichworte. Auch spektakulär ist es in der Regel nicht, es handelt sich um Dinge wie „neue Choreo im Kids-Kurs unterrichtet" (hat Spaß gemacht und kam gut an) oder „nette Mail von Felix", „Kompliment von Marie" oder „toller Kinofilm mit Sabine".

Angefangen habe ich damit vor vier Monaten und durfte feststellen: Seitdem ist kein Tag vergangen, an dem ich nicht zumindest eine Sache abends aufschreiben konnte. Selbst an einem Tag, an dem ich krank im Bett lag, reichte es noch für die „nette Mail von Felix". An einem Wochenende, an dem kaum etwas passierte, landeten „leckeres Pita-Brot" (selbst gemacht) und „'Bogotá Blues' gelesen" im Notizblock.

Auf diese Weise verändert sich sehr wohltuend die Konzentration. Denn wen interessiert noch dieser eine doofe Spruch von Annika, wenn ihm in der gleichen Woche die neue Choreo entgegensteht und das Kompliment von Marie, der tolle Kinofilm, das leckere Pita-Brot, das Lächeln des gutaussehenden Mannes, der in der Buchhandlung dasselbe Regal durchstöberte, der neue Lieblingssong im Radio und der Spaziergang bei Sonnenschein?

Wieviel Roboter verträgt der Mensch?

Jedes Jahr im Sommer, wenn sich die Temperaturen um die 35-Grad-Marke herum bewegen, passiert das Gleiche: Mein Kreislauf motzt, ich fühle mich schlapp und wenn es richtig doof läuft, wird mir weinerlich zumute. Und jedes Jahr wieder führe ich dann das gleiche Gespräch mit meiner Mama.

Ich schildere die – eigentlich von der letzten Hitzewelle bekannten – Symptome, erzähle, wie ätzend es ist, sich so zu fühlen, und dass ich so nicht drauf sein möchte.

Und meine Mama sagt: „Das ist eine normale physische Reaktion, mit der der Körper auf einen plötzlichen, krassen Temperaturanstieg antwortet."

Warum die jährliche Wiederholung dieses Gesprächs nötig ist? Weil wir von der Normalität ziemlich wenig Ahnung haben. Weil die gebetsmühlenartig beschworene Leistungsfähigkeit uns unser Hirn zerfräst, bis wir tatsächlich glauben, dass jeder Leistungseinbruch ein außerplanmäßiges Phänomen ist, das es abzustellen gilt.

Vielleicht kann man sich so ja in Bezug auf Roboter äußern, doch wenn es den Menschen betrifft, dann ist das wohl eher eine ziemlich lebensfeindliche Ansicht.

Das scheint allerdings den Wenigsten aufzufallen; mich eingeschlossen, wenn ich wieder einmal denke, ich müsste bei 38 Grad doch genauso gut funktionieren wie sonst auch.

Wann ist das passiert, dass wir aufgehört haben zu kapieren, dass wir Menschen sind? Und dass Menschen manchmal müde sind, eine Pause brauchen oder sich mal einen Tag – eventuell sogar zwei – nicht auf der Höhe befinden? Dass wir Wesen sind, die mit der Natur in Verbindung stehen, und auf die es sich auswirkt, ob gerade 38 Grad sind oder 22, ob ein Gewitter über sie hinwegzieht oder es schneit?

Ich glaube, eine Menge Stress würde verschwinden, wenn wir das wieder akzeptieren würden. Vieles lässt sich leichter ertragen, wenn wir darauf verzichten können, es auch noch zu dramatisieren. Eventuell könnten wir uns sogar darüber freuen, dass wir eben keine Roboter sind, sondern lebendig. Das beschert uns neben Müdigkeit oder gelegentlichen Stimmungstiefs nämlich auch Glücksgefühle, Begeisterung und Freude.

Um das nicht zu vergessen, ist es gut, einen Menschen zu haben, der einen ab und zu daran erinnert. Und vielleicht, wenn es richtig gut läuft, Mama, dann müssen wir das Gespräch nächstes Jahr im Sommer ja eventuell mal nicht führen, weil ich es auch selbst noch weiß? Falls doch nicht: An dieser Stelle schon mal ein herzliches Dankeschön.

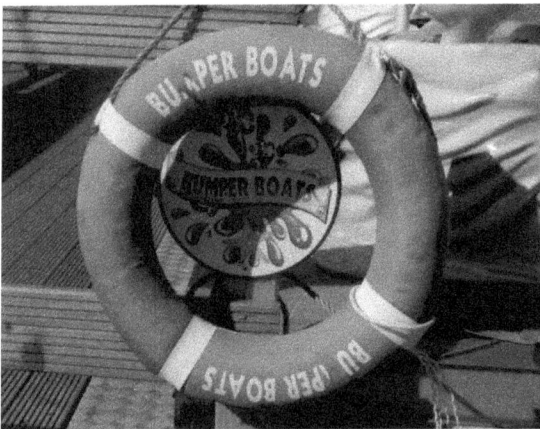

Vom Glück des Alleinseins

Vor ein paar Wochen traf ich mich samstagnachmittags mit Freunden in der Stadt. Die Sonne schien und wir saßen draußen auf der Terrasse eines schönen Cafés.

Normalerweise ist das ja die perfekte Ausgangssituation, um aufzutanken, das Leben zu genießen und eine gute Zeit zu haben. Doch diesmal ging es schief. Die Stimmung war nicht die beste: Statt angeregter Heiterkeit herrschte dumpfe Trägheit an unserem Tisch. Das Gespräch kam nicht in den Fluss, die Themen versumpften irgendwo zwischen „Ärgernisse auf der Arbeit" und „Erlebnisse im Supermarkt". Und dann forderte mich auch noch mein Gegenüber, das selbst am wenigsten zu berichten hatte, wortkarg auf: „Erzähl was".

Das war der Punkt, an dem mich die Lust auf diesen Nachmittag verließ. Meine Vorstellung von einem entspannten Zusammensein am Wochenende im Café brachte ich hier heute wohl nicht mehr unter.

Was also tun? Mit abtauchen in die dröge Atmosphäre? Den Entertainer geben, in dem mühsamen Versuch, den anderen ein wenig Leichtigkeit zu entlocken?

Ich entschied mich dann für Option drei: Mein eigenes Ding durchziehen.

Nach knapp zwei Stunden verabschiedete ich mich, trat vor die Tür des Cafés und atmete durch. Die Sonne schien nach wie vor und ich hatte Lust, den restlichen Nachmittag zu genießen. Also drehte ich eine Runde durch die Stadt, bestaunte die Einhorn-

Kuscheldecke im Deko-Geschäft, schlenderte in der Drogerie an den Haarfärbemitteln vorbei und bekam blendende Laune bei der Überlegung, wie cool ich wohl mit pinken Strähnchen aussehen würde.

Schließlich besorgte ich mir ein Eis und ließ mich damit auf einer Bank im Stadtpark mit Blick auf den Teich nieder. Wie ich da so alleine saß, fühlte ich mich schlagartig entspannt und glücklich. Die ganze Anstrengung des zähen Treffens im Café glitt von mir ab und Lebensfreude stellte sich ein. Ich war vollkommen zufrieden, diesen Moment alleine genießen zu können.

Vielleicht ist es gar keine so schlechte Idee, sich von Zeit zu Zeit klarzumachen, dass wir alleine richtig schöne Augenblicke erleben können. Wir brauchen nicht ständig jemanden um uns herum, damit wir uns wohlfühlen – im Gegenteil: Ab und zu besteht das notwendige Quäntchen Freiheit vielleicht gerade darin, sich mal nicht auf ein Gegenüber und dessen aktuelle Laune einstellen zu müssen. Einfach mal ein Stündchen das Alleinsein auskosten, trägt auch zu unserem Glück bei.

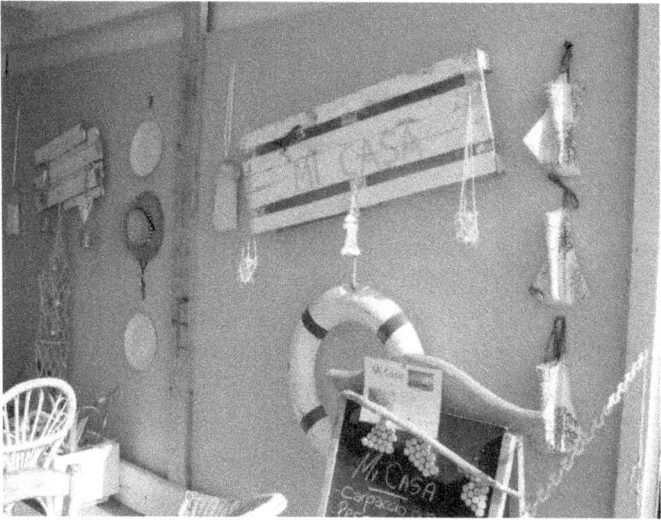

Un día más de vida
(Ein Tag Leben mehr)

Ich hatte schon immer die Vermutung, dass die Süd-
amerikaner sich besser mit dem Leben auskennen als
wir Europäer. Letzten Mittwoch habe ich auf Facebook einen Post gelesen, der mich in diesem Eindruck
noch bestärkt hat. Ich habe ein Patenkind in Bolivien,
das auf eine Fußballschule geht. Dank Internet und
Facebook bin ich sozusagen mit der ganzen Familie
befreundet, auch mit Jenniffer, der 21jährigen
Schwester meines Patenkindes. Und Jenniffer postete
vergangenen Mittwoch ein strahlendes Foto von sich,
zusammen mit einem Text der kolumbianischen
Schauspielerin Carmen Villalobos:

No soy ni mejor, ni peor, ni más, ni menos q nadie…
Simplemente soy YO y eso es lo q me hace ser única.
Démosle Gracias a Dios por lo q somos y por un día
más de vida.
Feliz miércoles para todos.

Das heißt auf Deutsch:
Ich bin weder besser noch schlechter, weder mehr
noch weniger als sonst jemand…
Ich bin einfach ICH und das ist es, was mich einzigar-
tig macht.
Lasst uns Gott dafür danken, wer wir sind und für
einen Tag Leben mehr.
Einen glücklichen Mittwoch für alle.

Besser lässt es sich wohl kaum auf den Punkt bringen. Wie viel einfacher und schöner und erfüllender das Leben ist, in solchen Momenten, in denen wir es glasklar erkennen können: Dass unser wahres Ich uns besonders macht; nicht die schicke Klamotte oder die sündteure Frisur, nicht ein prestigeträchtiger Job und auch nicht die Tatsache, dass wir einen angesehenen Mann oder eine gutaussehende Frau unsere bessere Hälfte nennen können. Unser Charakter, unsere Eigenarten, unser Lächeln, unsere Ideen, unsere Fröhlichkeit, unsere Schusseligkeit, unsere stille oder unsere wilde Seite, unsere Begabungen und all das, was uns ausmacht, sind die Dinge, die uns einzigartig machen. Und für die wir tatsächlich dankbar sein dürfen. Genauso wie für jeden neuen Tag, den wir auf dieser schönen Welt erleben und den wir mit dem füllen dürfen, was uns wichtig ist. Und zwar nicht nur sonntags bei Sonnenschein im Park oder während des Urlaubs am Meer, sondern am Mittwoch. Mitten in einer ganz normalen Woche. Ein Tag Leben mehr.

Die Magie des Konkreten

Ich bin fasziniert vom Konkreten; von dem, was fassbar ist und erkennbar.

Ich glaube, dass darin der Schlüssel zur Lösung liegt. Denn Beispiele, in denen das Abstrakte weitergeholfen und zum Ziel geführt hat, sind mir bislang nicht bekannt.

Aber Anschaulichkeit ist irgendwie Mangelware: Die Botschaft „Ich hab's geschafft und du kannst das auch!" herrscht in vielen Werbespots; ob es um Fitness und Abnehmen, um berufliche Verwirklichung oder um anderweitige Ziele geht. Doch wie das eigentlich genau funktioniert, dieses „Du kannst das auch!", das wird selten verraten. Meistens, indem wir etwas kaufen… Aber wann hat das das letzte Mal funktioniert? Hat uns Kaufen schon mal in schlankere oder erfolgreichere Wesen verwandelt?

Auch in Büchern passiert oft ähnliches, wenn Autoren auf ihre eigenen Erfahrungen zu sprechen kommen, die ermutigen und unterstützen sollen. Da schreibt eine heute erfolgreiche Bestsellerautorin darüber, wie sie im Alter von 27 Jahren ihren frustrierenden Job kündigte, ohne zu wissen, was sie als nächstes tun soll. Sie schildert sehr eindrücklich, wie sie ohne Pläne auf ihrem Balkon saß und Angst davor hatte, wie es weitergeht. Anschließend ist zu lesen, dass sie ein halbes Jahr später freiberuflich für Zeitschriften und Magazine schrieb. Wie sie das angestellt hat, erfährt der Leser nicht.

Ein anderer Autor möchte in seinem Buch zum Ausdruck bringen, dass wir uns nicht von äußeren Umständen abhalten lassen sollen, unsere Träume zu verwirklichen. Er berichtet, dass er im Alter um die 40 gerne seine eigene Firma gründen wollte; er spürte, das ist der richtige Schritt, verfügte aber über keine finanziellen Mittel außer dem Gehalt aus seinem momentan Job. Anschließend schildert er, wie seine Firma kurz darauf die Arbeit aufnahm. Auch hier ist nichts Konkretes darüber zu lesen, wie das vonstattenging.

Es mag dem Ganzen das Mystische nehmen, zu erzählen, was faktisch passiert ist. Vielleicht gelang es dem Firmengründer, eine Bank von seiner Idee zu überzeugen und er hat einen Kredit bekommen. Die Reporterin hat wahrscheinlich mal mehr und mal weniger mühevoll verschiedene Redaktionen abgeklappert, um Aufträge zu akquirieren. Beide haben sie vermutlich Rückschläge erlebt, sich davon aber nicht abbringen lassen.

Ich finde, genau darin läge die wahre Magie; davon zu erzählen. Denn es geschieht normalerweise nicht über Nacht ein Wunder, sondern es gibt verschiedene Etappen auf dem Weg zum Ziel. Und all jenen, die sich auch gerne auf den Weg machen würden, ist mehr mit der Konkretheit der unterschiedlichen Etappen geholfen als mit abstrakten Motivationsbotschaften.

Das Konkrete ermöglicht, seine eigene Magie zu erschaffen, anstatt die der anderen zu bewundern.

Deshalb sind die wahre Orientierungshilfe die Menschen, die uns etwas Fassbares und Anschauliches erzählen.

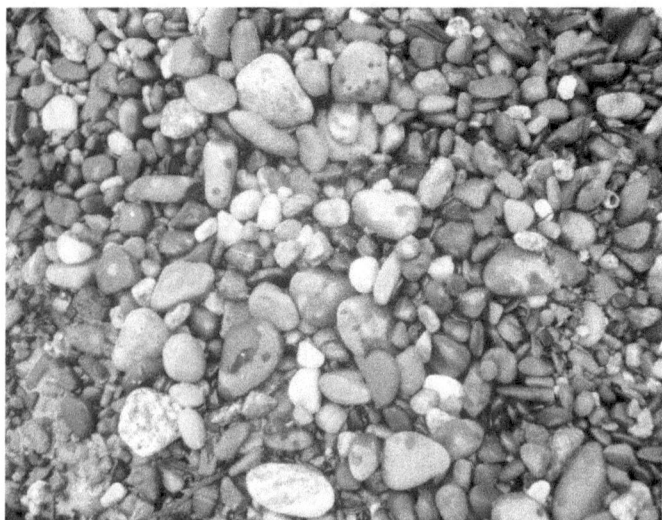

Intuition

Es ist Dienstagabend. 21:30 Uhr. Ich sitze auf meinem Bett, das so im Raum steht, dass ich durch die Glasscheibe aus meiner Balkontür hinausschauen kann. Allmählich beginnt es zu dämmern. Hinter den Bäumen zeichnet sich ein leuchtend orangeroter Streifen ab, den die untergehende Sonne an den Himmel malt. Ein Flugzeug schwebt hoch oben durch die Wolken und hinterlässt eine weiße Linie am Horizont.

Eigentlich wollte ich lesen. Das durchaus spannende Buch hatte ich schon in der Hand, als mein Blick nach draußen fiel. Von dem leuchtenden Orangerot, dem Grün der Bäume, die sich sanft hin und herwiegen, und dem Flugzeug kann ich mich nicht losreißen. Ich lege das Buch wieder weg.

Wie aus dem Nichts breiten sich Ruhe und Frieden um mich herum aus. Und ganz unangekündigt gesellt sich in dieser Atmosphäre meine Intuition zu mir. Meine Intuition, die es oft schwer hat mit mir: Weil mein Kopf solchen Lärm macht und sie übertönt. Oder weil ich zu beschäftigt bin, um zuzuhören. Manchmal auch, weil ich ihr nicht glauben kann.

Trotzdem kommt sie immer wieder. In diesen stillen Momenten, in denen es Raum für sie gibt. In denen die Zeit zur Nebensache wird. In denen mein Bauch und mein Herz nicht von mir abgeschnitten sind.

Und dann erzählt sie mir. Sie erzählt mir von dem, was im Leben wichtig ist. Der orangerote Himmel. Ruhe und Frieden. Den Blick für das Wesentliche nicht zu verlieren. Die Verbindung zu sich selbst nicht zu kappen.

Sie hat nicht vergessen, was mir am Herzen liegt. Was mich ausfüllt und mich glücklich macht. Sie gräbt es aus und räumt den Schutt aus Gedanken und vermeintlicher Vernunft zur Seite, unter dem es verbuddelt war.

Sie malt Bilder in den schillerndsten Farben, von dem, was alles möglich ist. Sie beflügelt meine Phantasie. Sie sagt mir, dass im Leben nicht nur der Kopf und der Verstand eine Berechtigung haben, sondern auch das Herz, das Gespür, das Bauchgefühl, weil sie Dinge wissen, die sie dem Hirn in der oberen Etage wahrscheinlich nie ganz begreiflich machen können; und trotzdem sind sie wahr.

Dafür liebe ich meine Intuition. Weil in Wirklichkeit sie es ist, die mich immer wieder auf den Boden der Tatsachen zurückholt, und nicht mein Kopf, der zwar nach Aufmerksamkeit plärrt, aber von vielem gar nichts weiß.

Deshalb gehört mein Herz meiner Intuition. Und deshalb sehe ich öfter aus dem Fenster und schaue den Flugzeugen dabei zu, wie sie am Himmel entlangschweben, hoch oben über dem Wald und dem Rest der Welt.

Ferien

Ich kam einmal mit einer Freundin aus dem Urlaub zurück. Es war eine schöne Reise gewesen und wir hatten eine glückliche, entspannte Zeit gehabt. Ich war traurig, dass es schon vorbei war, für mich hätte es am liebsten noch zwei und drei Wochen andauern können.

Als ich sagte, wie schade es sei, dass der Urlaub nun vorbei ist, antwortete meine Freundin: „Die Kunst besteht darin, zu Hause mit den Ferien nicht aufzuhören. Natürlich machen wir jetzt auch wieder unseren ganz normalen Kram. Aber wir können den erledigen und trotzdem drum herum Urlaub haben."

In diesem Moment tröstete mich ihre Antwort nur halb. Sie leuchtete mir nicht so richtig ein. Urlaub ist schließlich etwas anderes als das normale Leben zu Hause, dachte ich.

Doch im Laufe der Zeit änderte sich dieser Eindruck. Zuerst fiel mir auf, wie viel wir selbst dazu beitragen, dass das Urlaubsgefühl ganz schnell wieder verfliegt. Da werden schon beim Warten auf die Gepäckausgabe am heimischen Flughafen die Smartphones gezückt, um E-Mails zu checken und wichtige Nachrichten zu schreiben.

Da hat sie schon die Waschmaschine angestellt, kaum dass sie mit ihm vor einer Stunde zu Hause ankam. Da sitzt er schon wieder vor seinem Laptop, wo er doch zehn Stunden zuvor noch mit ihr das Meer betrachtete.

Da wird drei Tage später über die Reise kein Wort mehr verloren, sondern nur über Einkaufslisten, Arbeitsaufträge und Organisatorisches gesprochen.

So kann die Freude über das Erlebte nicht lange anhalten und bleibt gleich bei der Ankunft auf der Strecke.

Dann merkte ich, wie sehr eine kleine Dosis Urlaub auch das normale Leben zu Hause verändern kann. Der Eiskaffee bei Sonnenschein auf dem Balkon. Der Film im Kino, der mich verzaubert. Der freie Vormittag, an dem ich durch die Stadt schlendere.

Da fielen mir die Worte meiner Freundin wieder ein und ich dachte mir: Sie hat Recht.

Ferien heißt für mich, abends Musik zu hören und in die Wolken zu gucken. Ferien bedeutet, sonntags aufzuwachen und zu wissen, ich kann heute den ganzen Tag tun und lassen, was ich will. Ferien ist, wenn meine Fantasie nicht am Urlaubsort am Strand sitzen bleibt, sondern ihr Flügel wachsen und sie mich mit nach Hause begleitet.

Mit dieser Einstellung kann ich immer ein bisschen Ferien haben und muss dem großen, spektakulären Urlaub nicht nachtrauern; ich kann mich auch Wochen später noch über ihn freuen.

Und die Kreativität schlägt Purzelbäume

Mein Leben ist in den letzten Jahren immer kreativer geworden. Vor vier Jahren fing ich an, Erwachsene im Tanzen zu unterrichten. Als ich meine erste Choreografie selbst entwickelt hatte, stellte sich ein echtes Glücksgefühl ein, das mir Lust auf mehr machte. Die Kreativität kam ins Fließen und die eigenen Choreografien wurden mit der Zeit noch schöner und origineller.

Als ich vor zwei Jahren damit begann, auch Kinder zu unterrichten, wurde es noch spannender: Jetzt tanzte ich auch lustige Sachen, die Kinder begeistern und mitreißen; sich bewegen wie ein Roboter am Anfang eines Songs oder zu „Surfin' U.S.A." auf ein imaginäres Surfbrett springen und darauf balancieren. Dazu kamen immer ausgefeiltere Spielideen, die nicht nur die Herzen der Kids, sondern auch mein eigenes höher schlagen lassen. Das macht so viel Spaß, dass ich mittlerweile gerne mitmache, wenn wir zum Abschluss der jeweiligen Stunde ein Spiel spielen. Und an Läden mit Hüpfseilen oder Hula-Hoop-Reifen kann ich nicht mehr vorbeigehen, ohne zu überlegen, ob ich so etwas nicht in die nächste Kinder-Choreografie einbauen könnte.

Spätestens als ich dann noch begann zu schreiben, schlug meine Kreativität Purzelbäume. Ab jetzt tanzten nicht nur Bewegungen und Schritte zu dem neuen Song im Radio durch meinen Kopf, es verwandelten sich außerdem die Erkenntnisse in meinem Leben zu Überschriften und Texten, die in diesem Buch lebendig werden.

Je mehr die Kreativität an einem Punkt ins Fließen kommt, umso größere Wellen schlägt sie auch in anderen Bereichen des Lebens.

Das wurde mir besonders deutlich, als ich neulich mit meiner Mama in einem Stoffgeschäft stand. Sie wollte sich neue Stoffe für Patchwork kaufen – das ist ihr Tanzen – und ich kam mit, weil wir anschließend brunchen gehen wollten. Anstatt aber einfach dort zu stehen und zu warten, bis sie fertig ist, brachte der Laden meine Phantasie ins Rollen: Vor meinem geistigen Auge legte ich mir schon eine Schneiderpuppe zu und nähte meine eigenen flippigen Klamotten mit diesen leuchtend gelben und tiefblauen Stoffen; bis mir wieder einfiel, dass ich mit Tanzen und Schreiben (und noch ein paar anderen Dingen) fürs erste ausgelastet bin.

Selbst wenn man nicht alles in die Tat umsetzt: Dadurch, dass man die Kreativität in sein Leben lässt, stellt sich eine viel größere Offenheit ein, eine Haltung, die da heißt: Ich habe keine Angst vor neuen Ideen, ich sage nicht von vorneherein nein, ich bin neugierig, ob etwas vielleicht zu mir passen und mich bereichern könnte. Und diese Einstellung macht das Leben wesentlich interessanter und vielfältiger.

Das Glück und der Schmerz

Wenn Sergio Bambaren schreibt „Schmerz und Glück sind zwei Extreme derselben Sache", liegt er damit ziemlich richtig. Denn Gefühle sind ein Gesamtpaket. Man kann sie nicht einseitig erleben.

Das ist für jeden Glückssucher vielleicht zunächst einmal nicht die erfreulichste Nachricht. Niemand will Schmerz. Keinem gefällt es, wenn etwas wehtut. Jeder fände es schön, er könnte negativen Gefühlen aus dem Weg gehen.

Viele Menschen versuchen das auch. Und von Ablenkung bis Verdrängung stehen ja diverse Instrumentarien zur Verfügung, um das Vermeidungsverhalten zum Erfolg zu führen.

Dabei gibt es nur das Problem mit dem Gesamtpaket. Keinen Schmerz zu fühlen läuft am Ende darauf hinaus, nichts zu fühlen. Auch keine Freude, kein Glück, keine Liebe. Es gibt keine partielle Abstumpfung. Es gibt nur die Entscheidung, zu fühlen oder nicht zu fühlen.

Das gilt es zu bedenken, bevor man aus Angst vor Schmerz die Kiste zumacht, in der auch die schönsten Gefühle dieser Welt liegen.

Ich würde nicht auf die Freude und die Liebe, auf Zuversicht und Hoffnung verzichten wollen. Auch wenn ich dafür in Kauf nehmen muss, dass es Tage gibt, an denen der Schmerz zu Besuch kommt. Ich mache ihm dann eine Tasse Tee, anstatt davonzulaufen, und frage ihn, was er mir zu sagen hat. Meistens bleibt er dann nicht Übergebühr lange. Und neben der Tatsache, dass es oft nicht so schlimm ist und nicht so viel Zeit in Anspruch nimmt, wie wir befürchten, ist das beste Argument für dieses Vorgehen, dass mir anschließend alle Türen zu Glück und Freude nach wie vor offenstehen.

17. bis 23. September

Mein Flow

Als ich noch studierte, hatte ich einmal eine Vorlesung bei einem Professor, der uns folgendes erklärte:
„Es gibt zwei Wege, Ziele zu erreichen. Nehmen wir
an, Sie möchten gerne heiraten. Dann können Sie
natürlich eine Heiratsannonce aufgeben, die Auswahl
an Bewerbern sichten und sich das Geeignetste aussuchen. Die andere Möglichkeit ist, dass Sie mit der
inneren Einstellung, heiraten zu wollen, durch die
Welt gehen. Dann werden Sie das ausstrahlen und
wahrscheinlich jemandem begegnen, der das auch
möchte und zu Ihnen passt."
Ich weiß das heute noch, obwohl es inzwischen zehn
Jahre her ist. Ich erinnere mich heute noch an diese
Vorlesung, weil ich diese Idee inspirierend fand; vor
allem in einer Welt, in der uns meistens ans Herz ge-
legt wird, unsere Ziele zu definieren, die Schritte bis
zum Ziel zu bestimmen und dann die entsprechende
To-Do-Liste abzuarbeiten.
In nahezu jedem Ratgeber ist es zu lesen – ob zum
Thema Zeitmanagement, Karriereplanung oder der
Entwicklung eines gesünderen Lebensstils: Immer
steht da, man solle sein Ziel festlegen, was man tun
muss, um dieses Ziel zu erreichen und dann am besten
einen Zeitraum festsetzen, bis wann man es geschafft
haben will. Also wenn ich abnehmen will, dann geht
das wohl am besten mit Sport und gesunder Ernäh-
rung (Wahnsinns-Tipp) und ich überlege mir, dass ich
jetzt jeden Dienstag- und Donnerstagabend in den
Spinning-Kurs gehe und am Samstagvormittag durch
den Wald jogge. Schokolade gibt es nur noch am

Sonntag, dafür jeden Tag Salat. Laut Tabelle müsste sich dann mein Gewicht in sechs bis acht Wochen um soundso viel Kilo reduzieren.

Oder wenn ich Vorstandsvorsitzender werden will, dann mache ich jede Woche acht bis zehn Überstunden, melde mich im gleichen Golfclub wie mein Chef an, lerne vorsorglich Chinesisch und in zwei bis fünf Jahren müsste ich den entsprechenden Posten bekommen können.

Ja, und selbst bei dem Thema Beziehung, da kann ich so viele Bücher lesen, wie das jetzt eigentlich funktioniert, dass die momentane Beziehung schöner wird: Zum Beispiel, indem wir einführen, dass wir bei Streitgesprächen immer erst wiederholen, was der andere uns sagen wollte, bevor wir antworten. Oder, wenn ich noch Single bin, kann ich mir angewöhnen, jeden Samstagnachmittag in den Baumarkt zu gehen, weil ich dort überproportional viele neue Männerbekanntschaften schließen kann.

Irgendwie fehlt mir da die Leichtigkeit. Nichts gegen Pläne und nichts dagegen, dass wir etwas dafür tun, dass unsere Träume wahr werden. Der pure Schlendrian hat auch noch keinen dahin gebracht, wo er hin wollte. Aber diese Überbetonung von „Machen, Tun, Erledigen" ist vielleicht nicht immer gut. Da bin ich auch nach zehn Jahren noch ein Fan von der Idee der inneren Einstellung: Dass ich weiß, was ich gerne möchte und mir wünsche; dass ich auch das ein oder andere dafür tue, um meine Träume zu verwirklichen. Und gleichzeitig bewahre ich mir eine gewisse Lockerheit und Offenheit für das, was im Leben auch gerne mal einfach so passiert, wenn ich nur wach und aufmerksam und neugierig durch die Welt gehe.

Denn natürlich muss ich etwas tun, um abzunehmen oder fitter zu werden; aber mit Spaß und Kreativität gelingt mir das eher als mit allzu rigorosen Vorschriften. Beruflich kann ich sinnigerweise das ein oder andere machen, um erfolgreich zu sein; gleichzeitig können aber auch mal Türen auf dem Weg aufgehen, an die ich nicht gedacht hatte und die mich vielleicht glücklicher machen als alles, was ich mir bisher zurechtgelegt hatte. Und die schönsten Liebesgeschichten sind immer noch die, die man nie im Leben so hätte planen können.

Ich mag diesen Flow, der entsteht, wenn ich den Dingen ihren Lauf lasse. Wenn es mir gelingt, zu sagen: Ich mache meinen Teil und anschließend entspanne ich mich und sehe staunend zu, was für großartige Überraschungen das Leben immer wieder aus dem Ärmel zaubert.

Der Zauber von Büchern

Wenn ich am Sonntagvormittag gefrühstückt habe,
dann gieße ich mir eine zweite Tasse Kaffee ein,
kuschle mich noch einmal in mein Bett und schnappe
mir das Buch, das ich gerade lese.

Ich liebe diese Sonntagvormittage. Ich liebe sie deshalb, weil sich am Sonntagvormittag, wenn es draußen ruhig ist und ich in erster Line das Zwitschern der
Vögel höre, wenn nichts zu erledigen ist und ich Zeit
für mich habe, der Zauber von Büchern entfalten
kann.

Der Zauber von Büchern liegt für mich darin, dass sie
einem alles Wichtige mit auf den Weg geben können.
Sollte gerade einmal niemand um uns herum sein, der
Verständnis für das hat, was uns beschäftigt, sollte die
Inspiration abhandengekommen sein, sollte uns unsere
Sicht der Dinge sehr speziell und unüblich vorkom-
men, … in Büchern können wir sie finden. Bücher
können uns sagen, was wir uns gerade nicht selbst
sagen können oder was uns gerade niemand sagt, der
um uns herum ist.

Und so lese ich ein Buch von Katrin Zita, die es wunderbar versteht, so zugewandt zu schreiben, dass ich
das Gefühl habe, sie sitzt mit mir bei einer Tasse Kaffee und erzählt mir live von ihren Einsichten.

Ich lese „Ein Jahr in Buenos Aires" aus der Herder-
Reihe „Ein Jahr in …" und all meine Abenteuerlust
und Inspiration kommt beschwingt zu mir zurück,
sollte ich sie am Tag zuvor verlegt haben.

Ich lese etwas von Uwe Böschemeyer und frage mich anschließend, weshalb ich eigentlich dachte, bestimmte Ideen oder Pläne seien „unmöglich".

Oder ich lese ein Buch von Sergio Bambaren und erlange die Gewissheit zurück, dass es Menschen gibt, die meine Sicht auf diese wunderbare Welt teilen.

Und dann schreibe ich noch selbst und hoffe, mit dem Buch, das ihr hier in den Händen haltet, Ähnliches zu bewirken: Euch auf Ideen zu bringen, die euch bereichern; euch etwas zu erzählen, dass euch euer Leben vereinfacht und verschönert; Menschen zu erreichen, denen mein Blick auf die Welt etwas gibt.

Genauso wie ich sehr glücklich über das bin, was Texte besonderer Menschen mir geben.

Werte und Prinzipien

Manchmal scheint es, dass sie weniger werden: die Menschen, die noch mit Werten und Prinzipien durch das Leben gehen; die einen freundlichen Ton anschlagen und gut mit anderen umgehen.
Ich kann mich an Übergriffigkeit und Unverschämtheit nicht gewöhnen. Es trifft mich nicht mehr ganz so mit voller Wucht wie früher, aber es trifft mich nach wie vor.
Eigentlich ist das gut so, denn es bedeutet, dass meine Realität eine andere ist. Dass ich Werte und Prinzipien habe, die einem solchen Verhalten auf äußerst positive Weise entgegenstehen.
Doch was soll man tun angesichts von Chefs, die ihre Mitarbeiter schlecht behandeln, unabhängig davon, ob sie gute Arbeit leisten? Wie verdaut man es, dass die Kollegin keine Grenzen kennt und unendlich viel Raum für sich beansprucht? Wie geht man damit um, wenn ein Partner oder eine Partnerin auf eine Weise ignorant ist, die einen eigentlich nur noch zum Verabschieden bewegen kann?
Wir können Gerechtigkeit nicht immer herstellen. Aber wir können entscheiden, ob wir bleiben. Niemand muss sich dauerhaft unverschämtes oder übergriffiges Verhalten gefallen lassen. Es gibt andere Arbeitsstellen mit fairen Chefs. Es gibt Kollegen, die tatsächlich kollegial sind. Es gibt Männer und Frauen, die sich in Beziehungen zugewandt und liebevoll verhalten. Deshalb ist es eine Überlegung wert, sich von unguten Menschen zu trennen, wenn diese nicht bereit sind, ihr schädliches Verhalten zu ändern.

Auf den ersten Blick mag es ungerecht erscheinen, wenn ich gehe und der andere macht genauso weiter. Dabei kann man sich aber eines vor Augen halten: Der Entschluss, ohne Werte durch das Leben zu gehen, zieht Konsequenzen nach sich. Ich selbst habe vielleicht die Mühe, mich auf die Suche nach einem anständigen Chef, vernünftigen Kollegen oder einem liebevollen Partner zu begeben. Dafür habe ich aber auch mit der Prinzipienlosigkeit eines anderen nichts mehr zu tun.

Während ich weggehe, wiederholt der andere sein Problem gerne in der Endlosschleife: Da muss der Chef viermal im Jahr eine Stelle ausschreiben, weil niemand länger als nötig in seiner Firma bleibt. Da erlebt die Kollegin jeden Tag aufs Neue, dass keiner freiwillig mit ihr zu tun haben möchte. Und da wird die Liste der Ex-Freundinnen beim früheren Partner immer länger, weil ich nicht die einzige bin, die bereits nach kurzer Zeit die Flucht ergreift.

Wie schön ist es doch im Vergleich dazu, an seinen Prinzipien festzuhalten und seine Segel neu zu setzen, um Positives und Bereicherndes zu erleben.

Es gibt viel mehr

Ab und zu besteht die Gefahr, dass mir die Welt sehr klein und eingeschränkt vorkommt. Dann fällt mein Blick auf Menschen, die am Montagmorgen mit versteinerter Miene ihre 40-Stunden-Woche antreten, in einem Job, den sie nicht mögen, und über den sie sich an jedem Feierabend beschweren. Dann höre ich, wie ein Mann zu seiner Frau sagt: „Wieso willst du, dass ich dir Blumen mitbringe? Nach drei Tagen sind die verwelkt, das ist doch Schwachsinn." Dann sehe ich den verständnislosen Blick einer Frau, deren Mann sie fragt: „Wollen wir nicht heute Abend spontan ins Kino gehen?" Und sie erwidert: „Wie kommst du darauf, dass ich dafür Zeit hätte? Ich muss noch tausend Dinge erledigen." Dann stehe ich an der Supermarktkasse und schaue der genervten Mutter zu, die ihr weinendes, übermüdetes Kind aus dem Laden zerrt mit den Worten: „Sei jetzt endlich still". Dann höre ich mir zum vierten Mal in derselben Woche an, wie jemand zu mir sagt: „Das ist halt so, da kann man nichts machen."

Dann ist der Zeitpunkt gekommen, an dem ich dringend intervenieren sollte, wenn ich nicht drei Tage lang depressiv verstimmt sein möchte. Zum Glück gibt es da ein wunderbares Mittel, das die Welt wieder groß und bunt macht: Woanders hinsehen. Denn es gibt so viel mehr.

Ich denke an Paulo, der am Montag nicht den ganzen Tag im Büro sitzt und es hasst, sondern nachmittags mit seinen Kids aus dem Projekt SurfArt am Strand von Carcavelos steht und seine Begeisterung für das

Surfen weitergibt. Ich denke an Hendrik, der seinen Job an den Nagel hing, um zu reisen und daraus das Fazit zog: „Danke Welt, dass du so schön bist". Ich denke an die Mutter, die einmal in einem Café in Metz am Tisch neben meinem saß, mit ihrem Sohn in aller Ruhe Limonade trank und sich liebevoll erkundigte, wie sein Schultag gewesen war. Ich denke an eine Bekannte, die früher mit mir studiert hat, und eines Tages mit strahlenden Augen davon erzählte, dass sie jetzt einen Freund hat, der jedes Wochenende ein Busticket in eine andere europäische Stadt für die beiden besorgt. Ich denke an Stephan, der nichts dabei fand, zuhause zu bleiben und sich um seine drei Kinder zu kümmern, während seine Frau einer Arbeit nachging, die ihr gefiel. Ich denke an denjenigen, der sich, als ich von einer Reise aus Peru zurück war, so darüber freute, mich zu sehen, dass er mir spontan um den Hals fiel und mich auf die Wange küsste. Ich denke an all die Menschen, die mich mein Leben lang immer wieder darin bestärkt haben: Glaub nicht dran, dass die Dinge „halt so sind", sondern an das, was alles möglich ist.

Und plötzlich kann ich die Welt wieder sehen wie sie wirklich ist: Bunt und vielfältig und so, dass es keinen Grund gibt, nicht an seinen Überzeugungen festzuhalten.

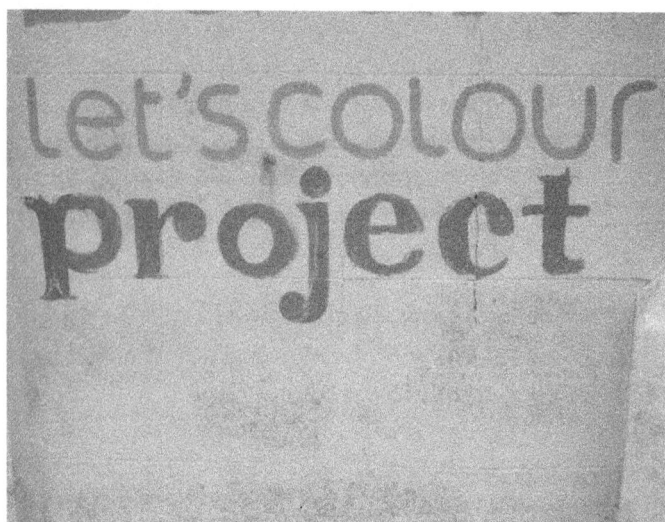

let's colour
project

122

Leistung ist nicht Leben

Als ich das erste Mal den Song „Blau" von Amanda und Sido im Radio hörte, wurde es in mir ganz still. Ich saß gerade im Auto und fuhr nach Hause. Was mir eben durch den Kopf ging, verstummte und ich hörte nur noch zu.

„Guck, der Himmel ist blau. Komm, das machen wir auch. Mann, dein Laptop ist grau. Klapp ihn zu! Mach ihn aus!"

Was für ein wunderschönes Lied. Ein Lied, das es glasklar auf den Punkt bringt: Leistung ist nicht Leben. Sich entfalten ist Leben. Die Tür aufmachen und rausgehen ist Leben. Surfen ist Leben (wenn man darauf Lust hat).

Aber das sagt uns in der Regel keiner. Wenn nicht gerade Amanda und Sido singen oder wir das Glück haben, von einem querdenkenden, eher unkonventionellen Zeitgenossen umgeben zu sein, dann ist die Botschaft eine andere. Dann heißt es: Nur die Leistung zählt. Leistung soll im Job gebracht werden (und zwar meistens in der Form, dass überdimensionierte Gewinne eingefahren werden; nicht auf die andere Art, bei der etwas Sinn ergibt). Erfolgreiche Kindererziehung wird an Leistung gemessen und weniger an glücklichen Kindern: Ist dein Sohn gut in der Schule? Hat deine Tochter bei der Ballettaufführung geglänzt? Bleibt dein Zweijähriger ohne zu murren den ganzen Tag in der Kita? Ähnlich läuft es bei Beziehungen: Hast du einen gutaussehenden Mann oder eine hübsche Frau? Ist dein Mann erfolgreich im Job? Bringt deine Frau die Hütte jeden Samstag wieder auf Hochglanz?

Kinder brauchen Zeit, abseits von Leistungsdruck. Zeit, um zu lachen und Blödsinn zu machen, Geschichten zu erzählen und rumzutrödeln. Zeit, in der die Mama nicht gedanklich mit ihrer Einkaufsliste beschäftigt ist oder der Papa nur mit halbem Ohr zuhört, weil er überlegt, welche Emails er noch rausschicken muss. Zeit, in der es nicht um Schule und die Hausaufgaben geht, sondern darum, Drachen steigen zu lassen, zu spielen und Kakao zu trinken.

Beziehung braucht Zeit, abseits von Leistungsdruck. Zeit, um ins Kino zu gehen, miteinander rumzublödeln, sich das Wesentliche zu erzählen und mal nirgendwo hinzumüssen. Zeit, in der es nicht darum geht, was noch eingekauft werden muss und welche Pflichttermine anstehen. Zeit, in der man nicht organisiert, sondern sich fallen lässt und zu zweit das Leben genießt.

Du selbst brauchst Zeit, abseits von Leistungsdruck. Zeit, um die Dinge zu tun, auf die du wirklich richtig Lust hast. Zeit, um in die Wolken zu gucken, zu gärtnern, zu surfen, zu tanzen, zu lesen oder Musik zu hören. Zeit, in der du nichts musst, aber alles darfst. Zeit, die dir deine Zufriedenheit, Gelassenheit und Kreativität zurückbringt.

Sind all diese Dinge im Leben unwichtiger und wertloser als eine Arbeitsleistung? Ich glaube nicht. Ich glaube, dass diese Dinge das echte Leben sind, dass diese Dinge Bedeutung haben und dass es uns irgendwann Leid tut, wenn wir uns in unserem Leben nie darum gekümmert haben.

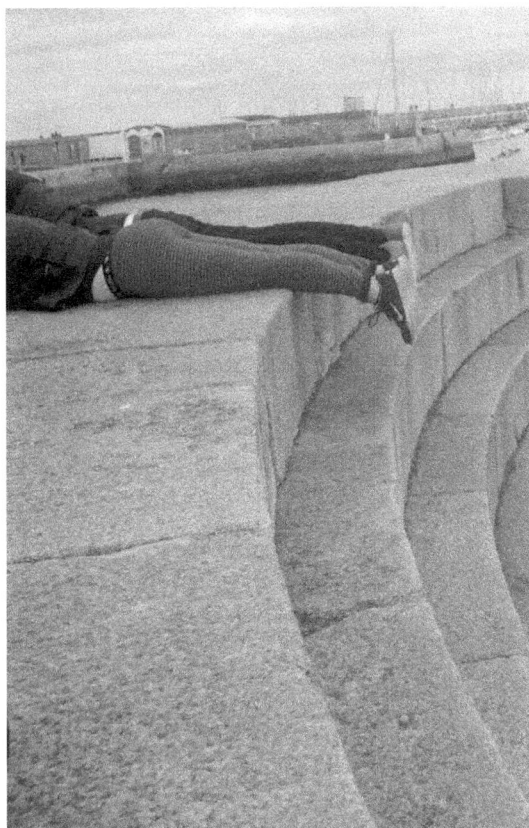

Der wahre Wert von Dingen

Ich schaue mich um in meiner Wohnung. Mein Blick schweift über das Bücherregal, die Kommode, den Schrank. An der Kommode bleibt er hängen: Dort steht eine Schneekugel. In dieser Schneekugel sitzt ein „leprechaun", ein irischer Kobold. Mit orangefarbenem Bart und einem grünen Hut auf dem Kopf. An dem Hut ist ein Kleeblatt befestigt. Der Kobold trägt weiß-grün gestreifte Socken und in den Händen hält er einen Topf mit Goldmünzen; darauf steht: „GOOD LUCK". Ein Wegweiser in der Kugel zeigt den Weg nach IRELAND. Wenn ich die Kugel schüttle, wirbeln grüne Partikel hin und her.

Jedes Mal, wenn mein Blick auf diese Schneekugel fällt, muss ich lächeln. Ich lächle, weil mir die Reise nach Irland im vergangenen August wieder einfällt. Ich lächle, weil ich wieder an Dalkey denke, dieses klitzekleine Städtchen an der Ostküste Irlands, dessen Hauptattraktion darin besteht, mit einem kleinen Kahn hinüber auf die unbewohnte Insel Dalkey Island zu schippern, um Robben und – mit viel Glück – Delfine zu sehen. Dieses Städtchen, in dem ich zum ersten Mal Porridge aß und diese Frühstücksidee mit nach Hause nahm. Dieses Städtchen, in dem in einem winzigen Lädchen die Schneekugel stand, die mir auf Anhieb so gut gefiel und die seither ihren Platz auf meiner Kommode hat.

Warum ich euch das erzähle? Ich erzähle das, weil mir, jedes Mal wenn ich mir diese Schneekugel ansehe, wieder bewusst wird, welche Dinge für mich tatsächlich einen Wert besitzen und welche weniger.

Einen Wert besitzt für mich diese Schneekugel, weil sie mich in die Erinnerungen an zehn entspannte und glückliche Tage in Irland eintauchen lässt. Einen Wert hat für mich der Teddy, den mein Bruder für mich gebastelt hat, als er in die Grundschule ging. Einen Wert besitzt für mich das Teelicht, das ein Kind aus meinem Tanzprojekt mir zu Weihnachten geschenkt hat.

Der Rest sind eher Gebrauchsgegenstände. Nichts gegen schöne Klamotten, einen Plasma-Fernseher oder den neuen Laptop. Aber glücklich macht mich das nicht. Glücklich machen mich Dinge, mit denen ich wunderbare Erinnerungen verknüpfe oder Menschen, die mir etwas bedeuten.

Es gehört Mut dazu, seinen Blick auf Dinge und Besitz dahingehend zu verändern. Es läuft kein Werbespott mit meiner Vier-Euro-Schneekugel im Fernsehen. Dass ich die brauchen könnte, muss ich mir schon selbst überlegen. Und dass ich von anderen Dingen vielleicht weniger benötige, auch. Egal, ob die Werbung mir hundertmal erzählt, dass ich ohne neues Smartphone nicht leben kann.

Doch ich finde, es lohnt sich. Es lohnt sich, weil dann Dinge in meiner Wohnung stehen, die mir etwas bedeuten und das Wichtige in meinem Leben widerspiegeln.

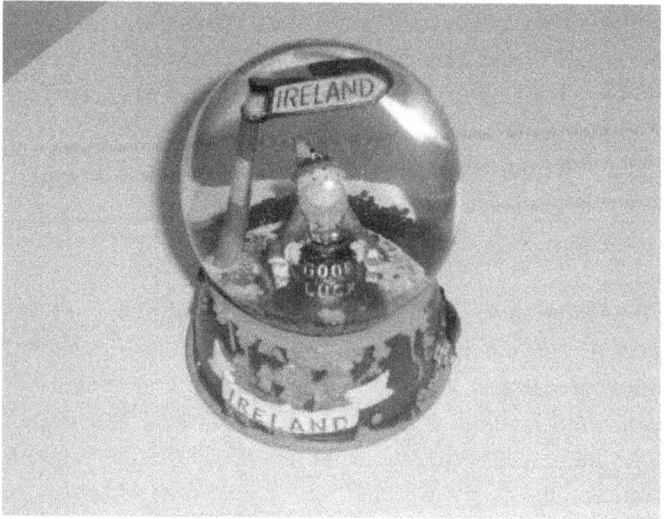

Denk das nicht

Andreas ist Programmierer. Er arbeitet bei einer großen Firma und ist echt erfolgreich. Erst vor kurzem wurde er zum Projektleiter befördert. Doch wenn er davon erzählt, fehlt das Strahlen in seinen Augen. Eigentlich müsste er zufrieden sein. Kontinuierlich macht er Karriere, seit er mit der Schule fertig ist. In einem angesehen Job, sozusagen wie sich das für Männer gehört. Andreas Augen funkeln, wenn er vom Fußball mit den 10jährigen erzählt, die er zweimal pro Woche abends trainiert. Wie viel Spaß das macht, mit Kindern zu arbeiten, die Begeisterung der Jungs für den Sport, seine unerschöpflichen Ideen fürs Training… Vielleicht wäre er glücklicher in einem Job mit Kindern. „Das geht nicht. Ich kann keinen anderen Beruf lernen. Damit verdient man kein Geld. Das hat keine Zukunft", denkt Andreas.
„Denk das nicht", flüstert sein Herz.
Isabell ist sehr liebevoll. Grade hat sie sich getrennt. Verbitterung schwingt mit, als sie von der Gleichgültigkeit ihres Ex-Freundes erzählt. Außer Arbeit und dem Feierabendbier mit Kumpels interessiere ihn nichts. In zwei Jahren Beziehung haben sie noch nicht einmal zusammen Urlaub gemacht. „Männer sind egoistisch. Sie kreisen nur um sich selbst und sind gefühlskalt. Beziehungen haben keinen Sinn", denkt Isabell.
„Denk das nicht", flüstert ihr Herz.
Jenny möchte ein halbes Jahr nach Südafrika. Sie fühlt sich nicht mehr wohl im kalten Europa und vermisst nicht nur Sonnenschein, sondern auch Herzlich-

keit und Lebensfreude. Ein halbes Jahr Auszeit, ein
halbes Jahr für eine Tierschutzorganisation arbeiten
und mal etwas völlig anderes tun... Das bräuchte sie
jetzt. „Du kannst nicht einfach ein halbes Jahr weg.
Du wirst auf der Arbeit kein halbes Jahr frei kriegen.
Du kannst das nicht finanzieren. Du verschwendest
mit sowas deine Zeit", denkt Jenny.
„Denk das nicht", flüstert ihr Herz.
Simon singt gerne und das auch sehr gut. Da erzählt
ihm eine Freundin, in der Band ihres Bruders wird ein
neuer Sänger gebraucht. Die Band spielt auch in kleinen Clubs und hat für die nächsten Wochen schon
einige Auftritte, für die sie jetzt dringend jemanden
braucht, der einspringt. Wenn Simon mit ihnen probt,
könnte er schon bald auf einer Bühne vor Publikum
stehen. Eigentlich wünscht er sich so eine Chance.
„So gut bin ich nicht. Ich habe zu viel Lampenfieber.
Ich werde mich blamieren. Ich kann das nicht", denkt
Simon.
„Denk das nicht", flüstert sein Herz.
– Was wir denken hat einen direkten, oft durchschla-
genden Effekt auf uns, egal ob es nun wahr ist oder
nicht. Vielleicht ist der größte Gefallen, den wir uns
selbst tun können, bestimmte Gedanken nicht zu den-
ken. Und sie im besten Fall durch andere, positive
Gedanken zu ersetzen. „Ich darf mir einen Beruf su-
chen, der mich glücklich macht." „Ich darf mich um-
entscheiden und nochmal etwas Neues probieren." –
„Es gibt auch andere Männer (oder Frauen)." „Nicht
jeder ist so." „Beim nächsten Mal läuft es anders". –
„Wenn ich eine Auszeit brauche, kriege ich das hin."
„Zu tun, was mich glücklich macht, kann niemals
Zeitverschwendung sein." „Ich finde eine Lösung". –
„Ich kann das." „Ich schaffe das."

Wie anders die Welt aussieht, wenn wir anders denken.

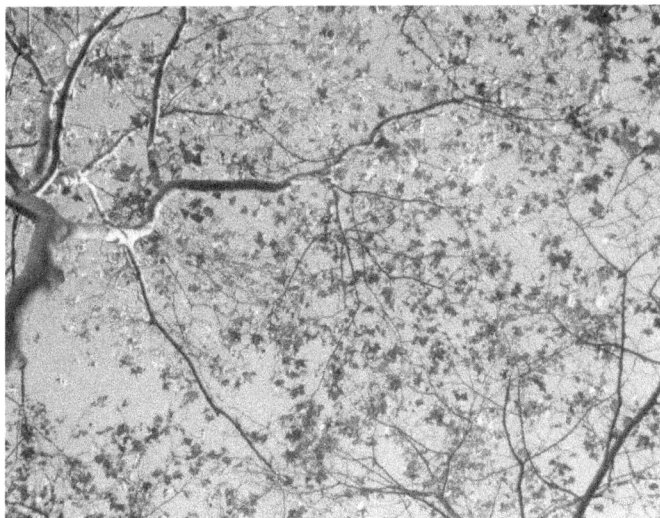

Was begeistert dich?

Zu Halloween wollte ich mit den Kindern in meinen Tanzprojekten eine besondere Choreografie tanzen. Also überlegte ich mir etwas zu dem Song „Ghostbusters".

Erst stand ich selbst mit kindlicher Freude zuhause in meinem Wohnzimmer und hatte einen Heidenspaß dabei, mir die Schritte zu „Ghostbusters" auszudenken.

Dann, in den Kinderkursen, sah ich die Spannung auf den Gesichtern der Kids, als die ersten Takte des Songs ertönten. Sie strahlten und machten begeistert mit.

Vieles sieht so anders aus, wenn man mit Begeisterung durchs Leben geht. Wenn es noch Dinge gibt, die einem wirklich Freude bereiten. Ich sage „noch", weil es leicht passieren kann, dass diese Dinge einem entgehen. Sie werden nicht beachtet, man beschäftigt sich nicht mit ihnen oder hört am Ende sogar damit auf, zu fragen, wofür man sich begeistern könnte.

Dabei läge Begeisterung oft so nah. Denn das, was sie entfachen kann, ist meistens schon unmittelbar vorhanden. Man muss nur hinsehen. Den Fokus darauf lenken. Dann würde man vielleicht bemerken, dass man den Tag über nicht nur zwei Miesepetern begegnet ist, sondern auch drei Menschen sehr nett waren. Dann würde man vielleicht weniger auf negative Plattitüden einsteigen, sondern lieber mit interessanten Zeitgenossen über deren letzten Abenteuerurlaub plaudern. Dann würde man sich vielleicht darauf freuen, dieses unglaublich spannende Buch weiterzulesen anstatt nur zu denken: „Uff, Gott sei Dank, endlich Feierabend."

Es braucht nicht erst diese ganz großen Ereignisse mit Pauken und Trompeten, Feuerwerk und Feenstaub, um sich begeistern zu lassen. Vielleicht braucht es ja in Wahrheit „nur" die nette E-Mail meiner besten Freundin, diesen tollen neuen Song im Radio, das süße Lächeln des Unbekannten, der in der Stadt an mir vorbeigeht oder die Aussicht auf einen schönen Abend mit Freunden am Wochenende. Und zu „Ghostbusters" zu tanzen, wenn Halloween vor der Tür steht.

Sei unbeirrbar

Schon vor einigen Jahren hat mir einer meiner Lieb-
lingsmenschen ein Buch geschenkt: „Die Weisheit
Lateinamerikas". Es gehört zu den Büchern, die ich
heute noch genauso inspirierend finde wie beim ersten
Lesen. Darin ist ein Zitat des argentinischen Schrift-
stellers Roberto Juarroz zu finden. Es lautet: „ Man
muss eine innere Sicht von jeder Sache erlangen. Man
muss diese innere Sicht sein."
In den Jahren, die vergangen sind, seit ich das Buch
geschenkt bekam, hat dieses Zitat für mich immer
mehr an Aktualität gewonnen.
Die Welt ist laut und die kritischsten Stimmen tönen
oft am massivsten – sei es aus berechtigten Motiven
oder doch eher aus der eigenen Unzufriedenheit heraus. Das macht es schwer, den eigenen Standpunkt zu
finden. Begibt man sich auf die Suche nach der nöti-
gen Ruhe und Ungestörtheit, um eigene Erkenntnisse
zu entwickeln, so stellt sich immer noch die Frage,
wie man sie behält und ausbaut, wenn nachher wieder
die Welt dröhnt.
Da hilft vielleicht tatsächlich nur, zur inneren Sicht
dessen zu werden, woran man glaubt. Unbeirrbar zu
sein.
Das heißt nicht, dass ich alles stur ignoriere, was andere Menschen an mich herantragen; aber es bedeutet,
dass ich mich nicht be-irren lasse: Ich lasse mich von
anderen nicht in die Irre führen. Ich unterscheide zwischen den Irrlichtern, die mich von der passenden
Route abbringen wollen und jenen, die wie die Sterne
am Himmel den richtigen Weg weisen.

Das heißt auch nicht, nie mehr zu zweifeln. Es ist mehr ein fest verankertes Bauchgefühl, das mir sagt: Mein Leben passt zu mir. Der Weg, den ich entlanggehe, ist für mich der richtige. Die Prioritäten, die ich setze, entsprechen meinem Wesen.

Deshalb kann ich unbeirrbar sein; deshalb kann ich zu der inneren Sicht meiner Überzeugungen werden: Weil ich mich nicht von der Idee in die Irre führen lasse, die Ansichten der anderen seien höher zu bewerten als die Frage, ob ich mich wohl in meiner Haut fühle. Weil ich begriffen habe, dass meine Überzeugungen zu mir passen müssen; denn ich bin die Einzige, die mein Leben lebt und die hoffentlich am Ende damit einverstanden und zufrieden ist.

Alles klar?

Klarheit kann etwas Wunderbares sein – und kommt dennoch oft nicht zum Zug.

Es gibt Situationen, da wollen wir es lieber nicht so genau wissen. Wir spüren zwar, dass uns die Liebe abhandenkommt, dass wir mit unserer Arbeit nicht glücklich sind oder dass wir Verhaltensweisen nachgehen, mit denen wir uns selbst schaden... Aber sich genauer damit zu beschäftigen ist unheimlich. Zu schwer wiegt die Angst vor den Konsequenzen, wenn wir bestimmte Büchsen erstmal geöffnet haben. Was passiert, wenn wir das Gefühl in unser Bewusstsein lassen, dass die Liebe zu jemandem gegangen ist; und auch nicht mehr zurückkehrt? Was geschieht, wenn wir uns das ganze Ausmaß der Unzufriedenheit mit unserer Arbeit vor Augen halten? Wie kommen wir damit klar, zu erkennen, dass wir selbst Dinge tun, die uns – immer wieder aufs Neue – in Situationen manövrieren, die wir gar nicht wollen?

Weitermachen wie bisher wird dann schnell zu einem Ding der Unmöglichkeit. Verdrängen geht nicht mehr. Geben wir der Klarheit Raum und liegen die Erkenntnisse erstmal offen auf dem Tisch, lässt sich kein Bogen mehr um sie machen.

Deshalb lassen wir es häufig lieber sein. Das Vertrackte daran ist: Die Konsequenzen kommen sowieso. Ich kann ignorieren, dass ich jemanden nicht mehr liebe und scheinbar so weitermachen wie in den glücklichen Zeiten, die ich mit ihm erlebt habe; diese Zeiten kehren trotzdem nicht zurück und auf die Beziehung wird es einen Effekt haben, dass meine Liebe weg ist. Ich kann weiter jeden Tag zur Arbeit gehen und nicht zur Kenntnis nehmen, dass ich mich unwohl fühle; aber mein Körper und mein Herz werden es mir übel nehmen. Begeisterung wird verschwinden, stattdessen kommen die Kopf- oder Rückenschmerzen. Und ich kann auch übersehen, dass wir alle Fehler machen und mich weiterhin wundern, dass ein bestimmtes Verhalten von mir die immer gleiche Reaktion hervorruft; es besteht aber die Gefahr, dass aus dem Wundern irgendwann der Ärger wird, weil ich insgeheim doch lieber eine andere Wirkung bei meinem Gegenüber erzielen würde.

Wenn die Konsequenzen also sowieso auf mich zukommen: Wie wäre es dann, ich gestalte sie selbst? Ich könnte mit meiner Liebe mitgehen, an den neuen Ort, an dem sie wieder blüht. Vielleicht ist dieser neue Ort zunächst keine Beziehung, aber die Liebe zur eigenen Kreativität, zu dem, was mich glücklich macht, zum Leben, zur Musik, zum Meer, zu den Bergen, zu Filmen, zu dem, was mein Herz erfüllt. Ich könnte meine Energie in eine andere Richtung lenken: Weg vom Ertragen des Ist-Zustands im Job hin zu der Frage, welche Wege ich einschlagen kann, damit mir Arbeit wieder Spaß macht. Schließlich ist die Welt groß und bunt und voller Möglichkeiten, wenn man den Kopf mal wieder hochhebt und sich umsieht. Und ich könnte auch mir selber zugstehen, dass ich Fehler machen darf und mir so erlauben, aus meinen Fehlern etwas zu lernen, damit ich bestimmte Dinge zukünftig anders machen kann.

Genau deshalb ist die Klarheit unsere Freundin. Wir haben Angst, sie macht uns schwach – weil sie uns erstmal mit Wucht treffen kann. Doch in Wahrheit

macht sie uns stark, weil sie uns unsere Handlungsfä-
higkeit zurückgibt.

In der Stille wohnt das Glück

Es ist Winter. Abends wird es sehr früh dunkel. Das finde ich um 18 und 19 Uhr nicht besonders toll. Aber dann kommt der Teil des Abends, an dem nichts mehr zu tun ist. Das Tagwerk ist vollbracht, es ruft keiner mehr an und mit dem Fernsehschauen ist man auch fertig. Und draußen ist es dunkel. Jetzt gefällt mir das. Ich lösche das Licht in meinem Wohnzimmer und bleibe am Fenster stehen. Draußen sehe ich die Bäume, die sich sanft im Wind wiegen. Und ich sehe ein Stück entfernt die Lichter von Häusern, von Straßenlaternen und von Autos, die über die Schnellstraße fahren.

Kaum ein Gedanke zieht noch Runden durch meinen Kopf. Ein tiefer Friede erfüllt mich. Es ist Abend, es ist still, und im Dunkeln leuchten die Lichter. Eine besondere Art Glück erfüllt mich, das Glück auf dieser Welt zu sein.

Alltagskram und Oberflächlichkeiten beginnen zu verschwimmen. Ruhe breitet sich in mir aus.

Dieser Ruhe folgt die Klarheit. Klarheit darüber, was von Bedeutung ist, wie das Leben wirklich ist, worum es geht. Klarheit, die an der Oberfläche nicht zu finden ist, nur in der Tiefe, nur wenn der Lärm verstummt.

Für einen Moment kann ich die Dinge sehen, wie sie wirklich sind. Ich kann sehen, wie wunderschön diese Welt ist. Ich kann spüren, wie kostbar dieses Leben ist. Ich kann erkennen, was für mich richtig ist. Ich fühle plötzlich Dankbarkeit anstelle von Groll darüber, dass Menschen, die nicht gut für mich waren, aus meinem Leben verschwunden sind. Ich spüre die Liebe für die Menschen, die mir wichtig sind. Ich nehme wahr, wie viele Geschenke dieses Leben mir schon gemacht hat. Ich erahne, dass ich noch viele bekommen werde; dass ich mir kaum ausmalen kann, wieviel Schönes noch wartet.

All das durch ein paar Momente der Stille. Ohne dass mich jemand stört. Nur für mich und nur mit mir.

Gel(i)ebtes Risiko

Wenn ich Bücher lese oder Geschichten höre, von Menschen, die mich inspirieren, fällt mir eine Sache immer wieder aufs Neue auf: Das, was mich an ihnen fasziniert, haben sie geschafft, weil sie bereit waren, ein Risiko einzugehen.

Menschen, die heute mit ihren Liedern, ihren Filmen oder ihren Büchern die Welt verzaubern, wollten singen, schauspielern oder schreiben. – Auf die Garantie, dass sie damit Erfolg haben würden, haben sie verzichtet. Niemand kann das vorher wissen. Man kann es nur versuchen.

Menschen, die mit ihrer Arbeit zufrieden sind, hatten davor vielfach Jobs, die sie eher unglücklich gemacht haben. Dass sie heute glücklich sind, hat mit dem Mut zu tun, die Suche nach etwas Passendem nicht aufzugeben und gleichzeitig in Kauf zu nehmen, dass ich ausprobieren muss, womit ich wirklich zufrieden bin.

Viele große Liebesgeschichten beruhen auf der Tatsache, dass Menschen zuvor den Mut hatten, sich zu trennen; nicht bei jemandem zu bleiben, mit dem es zwar ganz nett, aber nicht erfüllend ist, sondern den Glauben an das richtige Glück nicht aufzugeben. Im Bewusstsein des Risikos, dass ich – wenn ich mich trenne – nicht planen kann, wann mir das Leben diese wahre Liebesgeschichte bescheren wird, die ich am Ende gerne erleben möchte.

Menschen, denen ihr eigenes Land zu klein, zu eng, zu leise oder zu laut, zu strukturiert oder auch zu unorganisiert war, und die heute glücklich woanders leben, hatten alle diesen Kloß im Hals, als sie im Flieger Richtung neue Heimat saßen. Es stand nicht von Anfang an fest, dass sie an einem anderen Fleckchen Erde finden würden, was sie suchen. – Gewagt haben sie es trotzdem.

Menschen, die heute so leben wie sie leben möchten, scheinen alle eines gemeinsam zu haben: Sie haben das Risiko getragen, auf ihr Herz und ihren Bauch zu hören, ihrer Intuition zu vertrauen und sich nicht erzählen zu lassen, was angeblich alles nicht geht.

Denn das einzige, was nicht geht, ist am Ende jedes Risiko vermeiden zu wollen. Man kann nicht glücklich werden, man kann nicht tun, was man will, man kann nicht das Leben leben, das man sich wünscht, unter Ausschluss jeden Risikos. Wenn ich mir immer nur Sorgen mache, wenn meine Sehnsucht nach (scheinbarer) Sicherheit alles überlagert, wenn ich mir den Kopf zerbreche wegen allem, das womöglich schief gehen könnte, dann bin ich nicht frei. Frei für dieses wunderbare Abenteuer Leben, das voller Zauber und Überraschungen und glücklicher Wendungen steckt, für diejenigen, die es genug lieben, um auch mal mit dem Risiko zu leben.

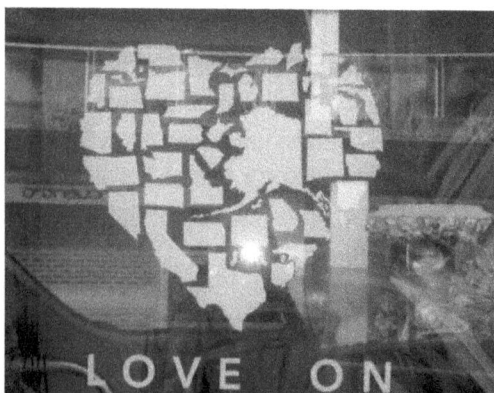

Wenn's reicht

Ich gucke zu, wie mein Laptop in Zeitlupe hochfährt. Mir drängt sich der Eindruck auf, dass das jedes Mal länger dauert. Endlich hat er es geschafft. Ich klicke auf den Internet Explorer. Einundzwanzig, zweiundzwanzig, dreiundzwanzig… Sollte ich mir erst noch einen Kaffee machen? Dann ist auch die Internetverbindung hergestellt.

Ich checke meine Nachrichten: Hat mir vielleicht meine Freundin geantwortet, ob wir am Wochenende was unternehmen wollen? Und am besten auch ein gewisser Jemand, den ich mag? Fehlanzeige. Sie sind zwar alle online, aber keiner schreibt.

Dafür folgendes: Für eine Veranstaltung brauchen wir noch einen Flyer. Seit drei Tagen habe ich deswegen sieben Emails hin- und hergeschrieben. Jede etwa ähnlich sinnlos, weil bisher immer noch kein Ergebnis. Schließlich mein entnervter Hinweis, dass ich schon das letzte Mal einen Flyer designt habe, man könne doch um Himmels Willen auch den nehmen und einfach anpassen; und ein bisschen was anderes hätte ich auch noch zu tun. Antwort-Email: „Ich hab den nicht mehr, kannst du mir den Flyer noch mal schicken?"

Außerdem noch einige ähnlich erfreuliche Anliegen.

Wie ich da so sitze, spüre ich, wie sich mein Nacken verkrampft, meine Stirn in Falten legt und mein Herzschlag beschleunigt. Dann weiß ich: Es reicht gerade. Keine Lust mehr auf online sein.

Dann schnappe ich mir meine Kopfhörer und gehe raus an die Luft. Mit Lieblingsmusik im Ohr, frischem

Wind, der mir um die Nase weht, blauem Himmel und ein bisschen Sonnenschein, entkrampft sich mein Nacken allmählich wieder. Die Stirn glättet sich. Und der Herzschlag folgt wieder seinem normalen Rhythmus. Durchatmen. Den Blick schweifen lassen. Der Musik zuhören.

Solche Auszeiten sind toll. Sie verhindern, dass man sich verrennt. Nach der x-ten unnützen Mail macht es keinen Sinn, sofort wieder zurückzuschreiben und den Kommunikations-Irrsinn noch zu befördern. Und leider melden sich Menschen, von denen man gerne hören möchte, nicht schneller, weil man stundenlang aufs Handy oder den Computer starrt.

Einen Tag später. Ich mache noch einen Kaffee, während der Laptop hochfährt. Beim Blick in mein Email-Postfach stelle ich fest: Keine prompte Reaktion zu bekommen, war Veranlassung genug, doch mal selbst den eigenen Computer nach dem Flyer zu durchstöbern und ihn auch zu finden. Meine Freundin hat inzwischen geantwortet, dass wir uns gerne am Samstag treffen können. Und selbst einem gewissen Jemand ist meine Existenz wieder ins Gedächtnis zurückgekehrt. So schön kann Auszeit sein.

Was du von deinem 17jährigen Ich lernen kannst

Ich war 17, als ich in den Sommerferien auf einer Ferienfreizeit in Assisi war. Mit dem Reisefieber bin ich schon auf die Welt gekommen – und mit meinen Eltern und meinem Bruder nicht weiter als bis Garmisch-Partenkirchen. Aber weil die Frau ja selbst ist, und Teenies sich ungern von den Umständen aufhalten lassen, verschlug es mich dennoch mit 14 in die Provence (zusammen mit meiner besten Freundin und deren Eltern), mit 15 auf eine Ferienfreizeit nach Rügen und mit 17 dann nach Assisi. Ich kannte vorher sonst niemanden, der dort mitfuhr, doch das störte mich wenig. Ich hatte diese Furchtlosigkeit, ich war abenteuerlustig, ich dachte mehr darüber nach, dass ich etwas von der Welt sehen wollte, als darüber, was eventuell schwierig sein könnte.

Und deshalb erlebte ich diesen magischen Tag, an dem wir auf den Monte Subasio wanderten. Um 5 Uhr früh wollten wir losgehen, um den Sonnenaufgang auf dem Berg zu erleben. Wir waren seit fünf Tagen in Assisi. Neue Freunde, die das auch für die nächsten Jahre bleiben sollten, hatte ich schon getroffen. Außerdem diesen Jungen, der mein Herz höher schlagen ließ und an dessen Bett ich nun stand, um ihn aufzuwecken: Hatte er mir doch am Abend vorher erklärt, das Vernünftigste wäre, ich würde ihn morgen früh wecken; er wolle sich keinen Wecker stellen, weil seine beiden Kumpels, mit denen er sich das Zimmer teilte, nicht mit auf den Berg und länger schlafen wollten. Während meine Zimmerkollegin mitkam,

sodass wir einen Wecker stellen und ich dann rüber-
kommen könnte, um ihn aufzuwecken.

Wie glücklich einen sowas mit 17 macht. Absurd
glücklich, weil der Junge, in den man sich verguckt
hat, von einem aufgeweckt werden möchte.

Und genauso war auch dieser Tag: Voller Freude,
Begeisterung und Glück. Die Wanderung auf den
Monte Subasio, gemeinsam mit der aufgehenden Sonne, war atemberaubend schön. Die Gespräche mit neu
gewonnenen Freunden waren unbeschwert und von
einer Leichtigkeit, die es jenseits der 20 nicht mehr so
oft geben sollte. Und das Funkeln in den Augen des-
jenigen, den ich morgens geweckt hatte, zaubert mir
beim Gedanken daran auch heute noch ein leises Lächeln aufs Gesicht.

So einfach war das damals. Unkompliziert. Klar. Total
lebendig.

Deshalb glaube ich, dass wir von unserem 17jährigen
Ich eine Menge lernen können. Ich glaube, nicht nur
ich war damals furchtloser und habe mir weniger Gedanken gemacht. Es ist mit 17 viel selbstverständli-
cher, man selbst zu sein und sich nicht unnötig weit
von dem zu entfernen, wofür das eigene Herz schlägt.
Man zergrübelt nicht, was man möchte; man weiß es
einfach. Man ist klar in seinen Ansichten. Man verliebt sich und findet es aufregend, ohne große Vorbehalte, Eile oder Fragezeichen im Kopf; schließlich ist
man vollauf damit beschäftigt, einfach zu genießen,
dass man verliebt ist. Man glaubt, dass Träume wahr
werden können. Man hat Freunde, mit denen man sich
verbunden fühlt und mit denen man ganz selbstverständlich zusammen ist, ohne Terminkalenderab-
gleich. Man hat einen noch unverstellten Zugang zum
Leben.

Darum frage ich manchmal, wenn mir alles sehr kom-
plex vorkommt, die 17jährige Karina, was sie eigentlich davon hält. Und oft bekomme ich von ihr erstaunlich einfache und klare Ideen.

Dankbarkeit

Sonntagabend war ich spazieren. Im Dezember ist das besonders schön: Die Sonne ging schon unter und die Weihnachtslichterketten leuchteten. Ich ging an den Häusern vorbei und sah mir die blinkenden Bäumchen in den Vorgärten an, die funkelnden Sterne, die an den Fenstern hingen, und die Rentiere, die in der Dunkelheit strahlten.

Eine gewisse Rührung ergriff mich, um mich war es still und in mir wurde es ganz ruhig.

Manchmal überkommt es mich und ich fühle, wie viel mir das Leben schon geschenkt hat. Das war einer dieser Momente. Einer dieser Momente, in denen einem klar wird, wofür man in seinem Leben zutiefst dankbar ist. Und die Freude darüber strahlt von innen heraus und die Wahrnehmung all dessen, wofür man dankbar ist, wird – so bin ich überzeugt – häufig zum Ausgangspunkt dafür, dass einem im Leben noch viel mehr Schönes widerfährt, das man sich zu diesem Zeitpunkt gar nicht selbst ausmalen könnte.

Ich dachte an die warmherzigen Menschen in meinem Leben. Die ein Zuhause sind und mit denen Zeit zu verbringen, eine große Bereicherung darstellt. An die eine Freundin, die mich im Blindflug versteht, und mit der ich mich immer noch eine Stunde länger unterhalten könnte, weil es so interessant ist. An die Lieblingsmenschin, mit der selbst das Kaufen einer Winterjacke zu einem tollen Ereignis wird und die mir so viel über den Halt im Leben beigebracht hat. An all die wunderbaren Kinder in meinen Tanzprojekten, die mir jede Woche aufs Neue mit ihrer Einzigartigkeit ein Strahlen aufs Gesicht zaubern.

Ich dachte an die Frauen, denen ich begegnen darf, die mutig und stark sind und sich trauen, nach ihren eigenen Vorstellungen zu leben. Ich dachte an die Männer, die ich kenne, die liebevoll und zugewandt sind und sich trauen zu sagen, dass sie von der großen Liebe träumen.

Ich dachte an die unvergesslichen Reisen, die ich schon machen durfte, und an all die unbekannten Fleckchen Erde, die ich noch bereisen werde.

Ich dachte daran, dass ich mir vor einiger Zeit selbst die Erlaubnis gegeben habe, mein Leben bunt und vielfältig und aufregend zu gestalten und die Dinge zu tun, die mir am Herzen liegen.

Ich dachte an alle Menschen, die mich darin unterstützen und ihrerseits ihren eigenen Weg gehen.

Ich dachte daran, wie viel Spaß ich habe und dass ich mein Leben wirklich genieße.

Und ich dachte daran, dass es schön wäre, öfter daran zu denken, für was ich alles dankbar bin.